LA RUPTURE TRANQUILLE

Du même auteur

Le Défi québécois, Montréal, L'Hexagone, 1989, 177 p.

Le Mal canadien, «Le Québec et la restructuration du Canada 1980-1992», Balthazar/Laforest/Lemieux, Sillery, Les Éditions du Septentrion, p. 109 à 119.

Christian Dufour

LA RUPTURE TRANQUILLE

Boréal

Cet ouvrage a été publié grâce à la collaboration de l'Institut de recherches en politiques publiques et avec l'appui du Programme du subvention globale du Conseil des Arts du Canada.

Conception graphique: Gianni Caccia
Illustration de la couverture: Daniel Sylvestre

Diffusion au Canada: Dimedia
Distribution en Europe: Les Éditions du Seuil

Données de catalogage avant publication (Canada)

Dufour, Christian, 1949-

La Rupture tranquille
Comprend des réf. bibliogr.
ISBN 2-89052-483-3

1. Québec (Province) - Histoire - 1976. 2. Nationalisme - Québec (Province). 3. Canada - Relations entre anglophones et francophones. 4. Relations fédérales-provinciales (Canada) - Québec (Province). 5. Québec (Province) - Histoire - Autonomie et mouvements indépendantistes. I. Titre. II. Titre: Le défi québécois deux.

FC2925.2.D83   1992   971.4'04   C92-096846-5

À mes parents, ainsi qu'à Geneviève et à François

Un coup de ton doigt sur le tambour décharge
tous les sons et commence la nouvelle harmonie.

Un pas de toi c'est la levée des
nouveaux hommes et leur en marche.

Ta tête se détourne: le nouvel amour!
Ta tête se retourne, — le nouvel amour!

ARTHUR RIMBAUD
Les Illuminations

Aussi longtemps que l'on se sentira obligé
d'écrire «Je me souviens» sur les plaques
d'immatriculation de nos automobiles, quelque
chose de fondamental n'aura pas été réglé au Québec.

UN AMI QUÉBÉCOIS

PRÉFACE

Après la parution du Défi québécois, Christian Dufour, en association avec l'Institut de recherches en politiques publiques (IRPP), a repris l'écriture pour se pencher plus particulièrement cette fois sur le concept de société distincte. L'ouvrage me semble bien illustrer le rôle que peut jouer un organisme comme l'Institut, à la jonction de l'administration publique, du monde universitaire et des grands débats politiques. Nos recherches se veulent pragmatiques, orientées vers l'action.

On retrouve dans ce livre des éléments de droit, de politique, de psychologie et d'histoire. L'auteur n'hésite pas à aborder franchement les diverses manières dont les Québécois peuvent envisager l'avenir, que ce soit dans la façon dont ils se voient collectivement ou dans leurs relations avec les anglophones et les autochtones. Il aborde le délicat sujet de la rupture qui lui semble inévitable dans l'actuelle relation Canada-Québec.

Christian Dufour ne croit guère au concept de brink-manship *où la chute de l'un assure la mort des deux. Son essai apporte une vision intéressante et nouvelle qui aidera à mieux articuler le débat que nous vivons actuellement, crucial pour l'avenir du Québec et du Canada. Ce genre d'intervention correspond au mandat de l'IRPP qui célèbre cette année son vingtième anniversaire.*

L'accent mis dans ce livre sur la société distincte — l'héritage de Meech — apparaît pour le moins percutant. Dans la mesure où les Québécois y croiront, l'auteur estime que ce concept est porteur d'avenir non seulement sur le plan canadien mais aussi sur le plan international. De fait, se vit au Québec le problème auquel d'autres sociétés seront de plus en plus confrontées: la périlleuse rencontre entre les incontournables enracinements identitaires et une plus grande intégration politique et économique.

Le concept de société distincte permet l'expression politique du phénomène national dans ce qu'il a d'irréductible et de positif tout en le dépouillant des éléments ethniques et émotifs susceptibles d'empêcher des relations fécondes avec les autres sociétés, dans un monde qui se rétrécit. Dans le passé, le Canada a souvent servi de modèle par sa tolérance et sa faculté d'adaptation. Cette fois-ci encore, notre degré de sophistication pourrait servir d'exemple à d'autres sociétés également ambivalentes face aux choix politiques qu'elles ont à poser.

Le concept de société distincte fait désormais partie intégrante du discours politique. Le sens qu'on lui donne, l'interprétation qu'on en fait diffèrent beaucoup au Québec et dans le reste du Canada. Nul doute cependant que la société distincte sera l'une des principales assises sur laquelle on bâtira une nouvelle relation Québec-Canada. De par sa mission, l'Institut de recherches en politiques publiques se préoccupe au plus haut point de la qualité de cette relation.

Monique Jérôme-Forget,
Présidente de l'Institut de recherches
en politiques publiques
août 1992

REMERCIEMENTS

Cet essai est, à certains égards, l'approfondissement et l'actualisation du volume que j'ai publié il y a trois ans, avant l'échec de l'Accord du lac Meech, *Le Défi québécois*[1]. L'évolution ultérieure de la relation Québec-Canada a confirmé en grande partie l'analyse exposée dans ce livre. Je tiens à remercier les lecteurs qui m'ont fait part de leurs réactions et de leurs commentaires.

Cet essai a également été influencé par le travail que j'ai effectué, au cours de l'hiver 1990-1991, pour le secrétariat de la Commission sur l'avenir politique et constitutionnel du Québec, la Commission Bélanger-Campeau. Si cette expérience professionnelle fut incontestablement difficile, elle fut aussi féconde et instructive. J'y ai beaucoup appris sur le nationalisme québécois, et sur le Québec en général.

Ce livre est le résultat d'un projet de recherche sur la société distincte québécoise, effectué en association avec l'Institut de recherches en politiques publiques. Cela s'avère pour moi un milieu exceptionnellement fécond sur le plan

---

1. *Le Défi québécois*, Montréal, L'Hexagone, 1989.

intellectuel, en ce qui a trait à la problématique Québec-Canada. J'y ai appris à connaître davantage les Canadiens anglais dont certains sont devenus des amis.

Je tiens tout particulièrement à remercier celle qui m'a accompagné dans la relecture du manuscrit, ma sœur Henriette Dufour-Théberge: sa sensibilité et son intelligence m'ont été d'un grand secours.

Je suis reconnaissant enfin à tous ceux qui ont eu la gentillesse d'accepter mes invitations à discuter informellement des thèmes abordés dans ce livre. Je pense, entre autres, à mes collègues du Département de science politique à l'Université Laval, ainsi qu'à mes étudiants. Pour une part importante, cet essai est le fruit de ces conversations, quelquefois passionnées, toujours stimulantes.

Cela dit, les idées exposées dans cet essai n'engagent, comme il se doit, que leur auteur.

AVANT-PROPOS

Les Québécois arrivent aujourd'hui à la croisée des chemins. Les gestes qu'ils feront ou qu'ils ne feront pas, dans les temps qui viennent, décideront pour longtemps de leur avenir collectif. Dans ce contexte, on mettra ici en évidence certains moyens susceptibles d'élargir et de consolider le projet national québécois.

Il y a trois ans, j'écrivais, à propos de la relation Canada-Québec, que l'on risquait un enlisement dans une situation de plus en plus inextricable, semblable un peu à celle qui prévaut en Irlande du Nord. Ce danger persiste: le pire reste possible. On peut même penser que, toutes choses restant égales, il est probable. Cela dit, jusqu'à nouvel ordre, nous ne sommes ni en Irlande ni en Europe de l'Est, nous sommes au Québec. Toute crise constitue une occasion à saisir, une situation à exploiter, que l'on peut transformer en quelque chose de positif. Les jeux ne sont pas encore faits: on ne peut à coup sûr prévoir l'évolution de la situation.

C'est pourquoi, sans perdre de vue la contraignante réalité, il apparaît important d'utiliser la force de l'émotion et du rêve, de se montrer créateur face à la problématique

Canada-Québec. En cas de doute sur ce qui va arriver, on optera systématiquement dans ce livre pour de nouvelles approches positives qu'il semble possible d'adopter.

En politique, la bonne volonté et les bons sentiments ne suffisent pas. Le danger existe de confondre ce que l'on croit qu'il arrivera avec ce que l'on souhaite voir se produire. C'est le risque couru par quiconque essaie de réaliser une partie de ses rêves et de vivre sa vie. Si l'on doit me faire un reproche, je préfère que ce sont celui d'idéalisme que celui de cynisme.

La mise en œuvre d'approches inédites est souvent difficile, nécessitant ce qui répugne la plupart du temps aux peuples et aux individus: de vrais changements. Je me serais bien contenté, pour ma part, d'un statu quo qui n'a rien d'un enfer mais qu'il est irréaliste de vouloir maintenir depuis l'échec de l'Accord du lac Meech.

* * *

Ce livre est l'occasion d'un retour aux sources, d'un recentrage sur le Québec. Ces dernières années, je suis allé chercher «chez l'Anglais» des éléments qui me semblaient manquer ici. À la suite de la catastrophe que constitua pour le Québec la Loi constitutionnelle de 1982, j'éprouvais le besoin de me confronter à une réalité canadienne à laquelle je nous croyais condamnés, de façon presque atavique.

Le contexte a depuis lors bien changé. Au moment de la signature de l'Accord du lac Meech, je me suis senti, pour la première fois de ma vie, quelque peu canadien sur le plan émotif. Conçu comme une intervention dans le débat sur cet Accord, Le Défi québécois se situait pour une large part dans le contexte canadien, le titre de la traduction anglaise faisant d'ailleurs ressortir cette dimension-là[1].

---

1. *A Canadian Challenge — Le Défi québécois*, Lantzville, Oolichan Books, 1990.

L'Accord du lac Meech dont j'ai été, jusqu'à la fin, un fervent supporter, n'a pas été ratifié: le Canada anglais s'est révélé incapable de dépasser son statut historique de conquérant. Essentiellement pensé en fonction d'un public québécois, ce livre tire les conclusions de cet échec.

L'Histoire retiendra certainement le manque de vision de ces Canadiens anglais qui ont été incapables de saisir l'occasion unique qui leur était donnée de briser, à peu de frais, le cercle vicieux dans lequel le pays est enfermé depuis deux cents ans. L'effet n'en aurait été ni magique ni instantané, bien entendu, mais la dynamique de la relation Canada-Québec en aurait été, sans aucun doute, profondément changée et pour le mieux, à long terme.

Par ailleurs, on reviendra à plusieurs reprises, dans ce livre, sur la part de responsabilité, systématiquement escamotée, des nationalistes québécois dans cette affaire. En effet, dans la joute qui s'annonce, c'est la capacité de ces nationalistes, et des Québécois en général, à se remettre en question sans se renier qui risque de faire toute la différence entre un succès et un échec.

Le moins que l'on puisse dire, c'est qu'on ne peut tenir cette capacité pour acquise. Trop de nationalistes paraissent moins sûrs d'eux-mêmes que figés dans leur bonne conscience et dans la contemplation satisfaite de ce qu'ils sont. Les Québécois, eux, semblent parfois tentés par l'abdication de l'exercice d'un pouvoir spécifiquement québécois, laissant aux autres le soin de trouver la solution à des problèmes qu'eux seuls sont capables de résoudre.

Dans ce pays que leurs ancêtres ont fondé et qui s'alimente encore exagérément de leur identité collective, les Québécois sont systématiquement exploités, engagés dans un angoissant processus de folklorisation. Mais ce sont aussi des enfants gâtés, habitués à jouir d'une grande partie des satisfactions psychologiques de la souveraineté, sans avoir à en payer le prix. Les fières demandes des Québécois pour qu'Ottawa se retire des champs de compétences provinciaux sont toujours accompagnées de l'exigence du maintien intégral du financement fédéral.

Il reste peu de temps pour achever le travail de la Commission Bélanger-Campeau et œuvrer à un projet collectif à la fois mieux adapté au Québec d'aujourd'hui et faisant l'objet d'un consensus non partisan substantiel. Un projet réaliste, qui ne nierait plus le caractère ardu de l'entreprise; un projet inspiré, qui tendrait compte de l'immense émotion et du rêve légitime.

Ce livre se veut une contribution à l'élaboration de ce nouveau projet. Le meilleur service à rendre à mes compatriotes québécois me semble être de leur livrer sans fard ma vision du problème. Mon expérience au secrétariat de la Commission Bélanger-Campeau, au cœur d'un certain nationalisme québécois en fusion, m'a convaincu des limites d'une action trop exclusivement fondée sur l'appartenance zélée à la famille.

* * *

Comme beaucoup de Québécois lassés par la sempiternelle querelle Québec-Canada, j'éprouve un profond besoin de passer à autre chose et de travailler, en particulier, sur des questions de portée internationale qui m'ont toujours intéressé. Jusqu'à présent, les circonstances n'ont pas permis un tel changement.

C'est, entre autres, pour accéder à l'universalité que le Québec doit se libérer d'un certain Canada bâti sur la Conquête. Le droit au regard québécois sur Djakarta, sur Singapour, sur Amsterdam.

Le droit au regard québécois sur le monde...

TOUJOURS ET ENCORE: LA CONQUÊTE...

Le Canada reste structurellement bâti sur la Conquête de la Nouvelle-France par l'Angleterre au XVIIIᵉ siècle. Autant que la Confédération de 1867, la Conquête de 1763 constitue l'acte fondateur du Canada.

Cela a évidemment peu à voir avec la bonne ou la mauvaise volonté des Canadiens ou des Québécois pris individuellement. Cela ne signifie évidemment pas non plus que tous les bons là-dedans sont francophones et québécois, alors que les méchants sont nécessairement anglophones ou canadiens. D'ailleurs, à la place de ces deux appellations, on utilisera souvent, dans ce livre, les concepts d'identité québécoise et d'identité canadienne. Cela permet de tenir compte du fait que ces deux identités, particulièrement au Québec, sont souvent enchevêtrées au sein d'un même individu.

À Paris, dès le XVIIᵉ siècle, la Nouvelle-France est connue sous le nom de Canada. Au départ, seuls s'appellent «Canadiens» les ancêtres des Québécois d'aujourd'hui. Les autres habitants, d'origine européenne, se disent «Britanniques».

Il faudra attendre deux cent cinquante ans et la fin du XIXᵉ siècle, pour que les Canadiens anglais commencent à se sentir par moments *Canadian*, et non plus seulement britanniques. Fait révélateur, cela résultera en grande partie de l'action de Sir Wilfrid Laurier, le premier Canadien français à devenir Premier ministre du pays. Quant aux premiers occupants du territoire, les Amérindiens, ils commencent tout juste à se sentir canadiens en cette fin du XXᵉ siècle.

À partir de 1759-1760, l'effet politique inhérent à toute conquête se fit sentir: confiscation, au profit des conquérants, d'une partie du pouvoir qui découle naturellement de l'identité collective des conquis. Cela permit à l'Angleterre de repousser de justesse, avec l'aide des anciens Canadiens, l'envahisseur américain en 1775, puis en 1812, tout en donnant au Canada anglais le temps de prendre racine. Mais, graduellement, cette dépendance à l'égard des anciens Canadiens et de leurs descendants québécois mina le Canada et ses citoyens, anglophones comme francophones.

Les Canadiens anglais eurent la possibilité de choisir la voie de la facilité. Eux qui étaient déjà très américains au départ purent s'abandonner individuellement à la délicieuse tentation de s'américaniser encore davantage, sans avoir à en subir toutes les conséquences politiques sur le plan collectif. Aux moments importants, le Québec était là, conquis, britannique, disponible, envoyant ses Cartier, ses Laurier, ses Trudeau. Et l'on aura l'envers de la Conquête, le rôle disproportionné de fournisseur d'identité canadienne qu'ont joué et que jouent encore dans ce pays certains Québécois.

Vue ainsi, l'histoire du Canada peut être perçue comme un siphonnage lent mais systématique de l'identité ancienne-canadienne/québécoise par l'identité britannique/canadienne. Si le Canada n'est pas que cela, il est incontestablement cela. Ce n'est pas un hasard si la plus grande partie des descendants des Canadiens de 1760 qui parlent encore le français s'identifient avant tout aujourd'hui comme Québécois, alors que les héritiers des Américains loyalistes de 1780 sont tous devenus des Canadiens. Il y a eu incontestablement transfert de quelque chose quelque part.

Cette dynamique explique la difficulté qu'a le Québec à se faire reconnaître comme une société distincte au sein du Canada, en dépit de toute évidence. Dans la mesure où la spécificité culturelle et économique du Canada anglais s'estompe par rapport aux États-Unis, l'identité canadienne a tendance à se concentrer de plus en plus dans le domaine politique. Et elle est de plus en plus dépendante de la confiscation de certains pouvoirs politiques inhérents à la spécificité québécoise.

S'il en était besoin après le renouvellement, en 1982, du nationalisme canadien grâce aux efforts du Québécois Pierre Elliott Trudeau, le débat sur l'Accord du lac Meech de même que le projet national canadien actuellement en cours d'élaboration montrent bien que le Canada continue de puiser exagérément son dynamisme du Québec où il est né, tout en étant de moins en moins capable de reconnaître le fait québécois dans ce qu'il a de politique et de global.

Cette vieille histoire de la Conquête reviendra en filigrane dans ce livre: la dynamique actuelle des relations Canada-Québec a peu de sens si l'on fait abstraction de ce facteur structurant.

Par ailleurs, cette affaire n'est pas exclusivement québécoise: elle pourrit l'ensemble du système politique canadien. Au sein du Canada, le Québec est un élément majeur et historiquement central. Le fait que sa relation avec le reste du pays se soit nouée sur la Conquête n'a pu, avec le temps, qu'avoir des conséquences sur l'ensemble du système.

Le problème québécois est devenu un problème éminemment canadien, LE problème canadien en fait: un cancer qui pourrit tout. L'incapacité à reconnaître les conséquences politiques de l'incontournable différence québécoise est en voie de détruire systématiquement le pays. Car moins on les reconnaît, plus ces effets politiques affectent de façon perverse l'ensemble du système.

Cela porte à de nouveaux sommets l'américanisation des Canadiens anglais[1]; cela accentue le processus d'assimilation des francophones. Le multiculturalisme et le provincialisme sont poussés à des niveaux absurdes; le problème autochtone est exacerbé; la crédibilité des institutions politiques est profondément atteinte, alors que la crise économique et financière s'accentue.

Pire, la paix sociale est menacée par l'antagonisme existant entre une identité québécoise et une identité canadienne profondément enchevêtrées.

Les effets sur le Québec

Si la plupart des nationalistes québécois admettent aisément la portée de la Conquête sur le Canada, ils ont tendance à mettre sous le boisseau les effets permanents de cet événement sur le Québec lui-même. Cette vision sélective n'est pas étrangère aux aspects non fonctionnels du nationalisme québécois dans les années 90.

Selon Kenneth McRae, observateur critique du nationalisme québécois, la Conquête fut pour les anciens Canadiens *«a cataclysm beyond the power of the mind to grasp*[2]*»*. Si les

---

1. Que l'on pense à l'appui sans nuance des nationalistes québécois au libre-échange avec les États-Unis, appui qui a permis de faire adopter une entente menaçante, à plusieurs égards, pour l'identité canadienne-anglaise.

2. «[...] un cataclysme dont l'esprit ne pouvait saisir l'ampleur», Kenneth McRae, «The Structure of Canadian History», cité par Louis Hartz, in *The Founding of New Societies*, 1964, chapitre 7, p. 231.

ancêtres des Québécois vécurent, individuellement, assez sereinement l'événement, ils ne disposaient pas d'une classe bourgeoise susceptible d'intégrer quelque chose d'aussi traumatisant sur le plan collectif. Seule l'Église géra quelque peu l'affaire sur le plan politique. Presque aussitôt refoulé dans l'inconscient canadien et jamais dépassé par la suite, ce traumatisme collectif affleure maintenant dans la conscience québécoise.

Par ailleurs, l'abandon du Canada par la mère patrie française et sa conquête par l'Angleterre avaient fait suite à une guerre longue et terrible. L'état de choc dans lequel s'étaient trouvés les anciens Canadiens les avaient rendus très sensibles à la conduite exemplaire des Britanniques pendant les années cruciales de l'occupation militaire, entre la défaite de 1759 et la Conquête proprement dite de 1763.

Encore dépendante de l'identité française, la jeune identité canadienne d'alors n'avait pas terminé sa période de formation: elle se révéla donc particulièrement perméable à l'influence anglaise, juste après la Conquête, un peu comme un enfant qui perd ses parents et qui s'en voit imposer d'autres auxquels il s'attache.

Au départ, cet *input* anglais fut le résultat de l'action éclairée des deux premiers gouverneurs britanniques, Murray et Carleton, en faveur des anciens Canadiens. Ceux-ci s'appuyèrent sur un *French Party* dont la majorité des membres fut longtemps britannique. Cet ajout anglais prendra par la suite d'autres formes et restera une composante permanente de l'identité canadienne et de son héritière québécoise. Pour prendre deux exemples de nature bien différente, que l'on pense à notre système de gouvernement, de type britannique, ou au fait que les Québécois mangent plus spontanément des œufs et du bacon, au petit déjeuner, que des croissants.

Cependant, même s'il a été capital, cet ajout anglais n'est pas au cœur de l'identité québécoise de la même manière que le sont le vieux fonds français et le vieux fonds canadien. Comme la colonisation de la Nouvelle-France avait commencé dès le début du XVIIᵉ siècle, une identité canadienne de plus en plus autonome par rapport à l'identité française était déjà enracinée au début du siècle suivant, bien avant la Conquête. Même si cette dernière a beaucoup marqué le Québec, elle n'est pas son acte fondateur.

Pour notre identité québécoise actuelle, l'Anglais représente une réalité profondément ambivalente et perturbante: à la fois une partie de nous-même qui nous renforce et le conquérant qui veut notre peau, planifiant froidement notre assimilation avec la Proclamation royale de 1764 ou l'Acte d'Union en 1840.

* * *

Il est clair que la Conquête n'est pas dépassée, ni d'un côté ni de l'autre. L'image exclusivement française que le Québec s'est donnée depuis 1977 rend compte d'un profond désir de remonter avant ce fait historique, niant l'*input* anglais qui en est résulté pour l'identité québécoise. Par ailleurs, les tentatives de bilinguisation d'une réalité québécoise qui a toujours été fondamentalement française, rendent compte de la volonté tenace du système politique canadien de maintenir la Conquête comme principe structurant des relations Canada-Québec pour l'avenir.

La question qui se pose est évidemment la suivante: Est-il possible de dépasser la Conquête, à la fois acte fondateur du Canada et traumatisme important au sein de l'identité québécoise, en ne détruisant ni le Canada ni le Québec où il a pris naissance?

Pour l'heure, au Québec comme au Canada, on fait comme si la Conquête n'avait jamais eu lieu. On veut devenir des pays «normaux», l'un aux dépens de l'autre. Au rêve québécois d'un Québec indépendant exclusivement français correspond le fantasme canadien d'un Canada uni où la différence québécoise ne serait plus que folklorique.

COMMENT FONCTIONNE LE CANADA

La ronde Canada

Au printemps 1991, le rapport de la Commission Bélanger-Campeau demandait la tenue d'un référendum sur la souveraineté du Québec au plus tard en automne 1992, à moins que, d'ici là, le reste du Canada ne lui présente une offre satisfaisante de partenariat politique. Le document fédéral, rendu public en automne 1991 sous le titre *Bâtir ensemble l'avenir du Canada*, se voulait la première étape devant mener à la présentation d'une telle offre au Québec. Et en même temps, comme le nom du document l'indiquait, c'était le coup d'envoi d'une «ronde Canada» qui s'étira sur toute l'année 1991-1992 et qui devait en principe renouveler le pays en profondeur.

Avant même la publication de ce document fédéral, il était improbable qu'une proposition élaborée sans qu'il soit tenu compte des deux nouvelles forces politiques alors montantes, le Reform Party et le Bloc Québécois, puisse véritablement régler la question du Québec, encore moins renouveler le pays. Il n'était même pas sûr qu'il en résulterait une modification effective de la constitution canadienne:

depuis le fiasco de l'Accord du lac Meech, on sait que les chances de survie de toute proposition constitutionnelle sont minces et ce, même si elles ont été ratifiées par l'ensemble des premiers ministres.

À mesure que l'année 1991-1992 avançait, les discussions devinrent de plus en plus sibyllines, les documents de plus en plus techniques, suscitant une grande frustration chez des citoyens qui n'y comprenaient plus rien, et pour cause. Loin d'être centrale, la question québécoise apparut noyée dans la réforme du Sénat, les droits des autochtones, de même que le renforcement de l'union économique et sociale. Néanmoins, certains Québécois, faisant preuve d'une extraordinaire bonne volonté, décelèrent dans ce magma un signe intéressant de début de déblocage.

Le processus culmina autour du 1er juillet 1992 où l'on assista, sous le couvert du 125e anniversaire du Canada, à une vaste campagne de propagande en faveur de l'unité canadienne. Toutes les provinces — sauf le Québec — et le gouvernement fédéral s'entendirent quelques jours plus tard, le 7 juillet, sur un projet de réforme constitutionnelle.

Qu'il en résulte ou non une modification effective de la constitution canadienne, le document fédéral de l'automne 91 et les innombrables péripéties qui s'ensuivirent — les grandes conférences nationales de consultation de janvier 92[1], le rapport Beaudoin-Dobbie en mars, l'entente du 7 juillet — restent intéressants. L'ensemble rend compte des aspirations fondamentales du Canada anglais. Il est également révélateur

---

1. Les conférences de Halifax, de Calgary, de Montréal, de Toronto et de Vancouver portèrent respectivement sur le partage des pouvoirs, la réforme du Sénat, l'union économique, la société distincte et l'ensemble de ces sujets. Après le dépôt du rapport de la Commission Beaudoin-Dobbie, se tint à Ottawa une conférence sur le droit inhérent des autochtones à l'autodétermination.

du profond cul-de-sac où conduit la dynamique traditionnelle canadienne.

Au-delà du contenu précis de propositions constitutionnelles sans cesse reformulées, ce qu'il faut retenir, c'est cette dynamique canadienne fondamentale. Cela permet de dégager des critères qui serviront à apprécier ces promesses que l'on fera sûrement aux Québécois dans les mois et les années à venir.

Dans la mesure où l'on croit à l'exercice d'un pouvoir spécifiquement québécois, il importe à un certain moment de tirer un trait sur toutes ces tractations et de ne plus consacrer toutes ses énergies à étudier une série sans fin de documents de plus en plus compliqués, dont le trait commun est d'éviter la question du Québec.

La question du Québec

Le fait que la question de la société distincte fut expédiée en un tour de main, au tout début du processus multilatéral de négociation, est très révélateur. Par rapport à l'Accord du lac Meech, les concepts de société distincte québécoise et de dualité canadienne furent limités, marginalisés et neutralisés.

La société distincte fut réduite à un problème de langue, de culture et de droit civil. Avec la dualité canadienne, elle fut intégrée à la Charte canadienne des droits et libertés et à la clause Canada, perdue dans la myriade des nouveaux droits collectifs et individuels qui sont devenus si importants pour la culture politique canadienne-anglaise depuis 1982. De caractéristique fondamentale du Canada qu'elle était dans l'Accord du lac Meech, la dualité linguistique canadienne devint l'une des composantes — avec le multiculturalisme, la démocratie, la tolérance, l'égalité des sexes — d'une clause Canada indéfiniment extensible.

On était disposé à reconnaître le vieux Québec canadien-français d'avant 1960, une société distincte par la langue, la culture et le droit civil; on consentait à ne plus revenir sur l'Acte de Québec de 1774. La société distincte québécoise n'aurait pas d'avenir, juste un passé. Et là encore, elle n'aurait même pas droit à tout son passé.

La si importante modernité québécoise issue de la Révolution tranquille des années 60 était laissée en dehors du projet, tout comme les anglophones et les autochtones québécois. Sans base économique, comment la société distincte québécoise pourrait-elle éviter à terme la foklorisation?

En matière de pouvoirs, aucune disposition n'était applicable au Québec seulement. Le plus loin que l'on irait en ce sens sera l'octroi de la culture au Québec dans le rapport Beaudoin-Dobbie. Cela n'affectait cependant ni les institutions culturelles fédérales existantes ni les communications et devait se faire sous encadrement très précis d'Ottawa. Cette timide avancée montre bien que pour le reste du pays, dans la meilleure des hypothèses, la société distincte québécoise est culturelle, au sens étroit du terme.

Cet élément du rapport Beaudoin-Dobbie a vite été abandonné. C'est essentiellement pour des motifs d'efficacité que l'on en est venu à proposer une réaffectation de certains rôles et de certaines responsabilités entre le gouvernement fédéral et toutes les provinces, principalement l'encadrement du pouvoir de dépenser dans les champs de compétences provinciaux. Absolument aucune conséquence concrète n'a découlé de la reconnaissance comme société distincte d'un Québec plus que jamais province comme les autres.

À tout le moins, *Bâtir ensemble l'avenir du Canada* ne remettait pas en cause l'équilibre délicat entre la responsabilité du Québec de protéger et de promouvoir sa société distincte et l'obligation qu'il avait de protéger sa minorité anglophone. À la fin du mois de mars 1992, on présenterait comme une grande victoire pour le Canada l'obligation, pour le Québec, non plus de protéger, mais bien de développer l'anglais chez lui.

Le processus de centralisation

Chacun sait que le Québec a tout intérêt à maintenir le statu quo pour ce qui est du Sénat. Ce qui est carrément remis en cause par une telle réforme chère à l'Ouest, c'est le pouvoir québécois à Ottawa, et plus précisément ce qui fut acquis durant la Révolution tranquille par les tenants du *French Power*. Si certains fédéralistes québécois ne désirent pas l'accroissement des pouvoirs du gouvernement du Québec, la grande majorité d'entre eux tiennent mordicus au maintien du pouvoir québécois dans la capitale fédérale.

Avec les autochtones, la réforme du Sénat fut le sujet le plus discuté dans la ronde Canada. Une réforme de la deuxième chambre, sur laquelle le Québec ne s'était jamais prononcé et qu'il ne pouvait plus empêcher depuis la perte du droit de veto en 1982, était proposée dans le document fédéral de l'automne 1991. Victoire inimaginable quelques mois auparavant pour les provinces de l'ouest: l'entente du 7 juillet 1992 entre les neuf provinces et Ottawa portera sur un Sénat élu et égal, avec une possibilité réelle de s'opposer aux volontés de la Chambre des communes.

Par la suite, le Québec acceptera le Sénat égal, une réforme structurante qui enclenchera une puissante dynamique le marginalisant, en retour du gel de son poids aux Communes. Nul doute que la légitimité de ce garde-fou technique sera vite contestée, comme cela fut le cas ces deux dernières années pour la clause nonobstant face à cette autre réforme structurante — la Charte canadienne des droits.

Dans la proposition fédérale de l'automne 1991, le noble objectif de la libre circulation des biens, des services et des capitaux servait de prétexte à la centralisation des pouvoirs économiques à Ottawa. Selon plusieurs observateurs, le caractère grossier de l'opération permettait de prévoir son échec rapide. De fait, on n'en ferait pas mention dans le rapport Beaudoin-Dobbie

Pourtant, le sujet reviendra régulièrement sur le tapis, tout au long de la ronde Canada, et l'union économique figurera dans l'entente du 7 juillet 1992, dans une version beaucoup trop timide selon certains. Cela n'est pas étonnant si l'on se souvient que ce genre de centralisation est souhaitée depuis belle lurette par l'establishment économique et financier canadien, ainsi que par bon nombre de Canadiens. Fondamentalement, c'est dans cette direction que le pays se dirige, appuyé par les décisions d'une Cour suprême reconnaissant de plus en plus le rôle prépondérant du gouvernement fédéral en matière économique.

Avec le rapport Beaudoin-Dobbie, le généreux projet néo-démocrate d'une Charte canadienne des droits sociaux a fait son apparition dans la nébuleuse constitutionnelle canadienne. L'encre de ce rapport n'était pas encore sèche que des voix s'élevaient pour réclamer un Pacte social qui ait des dents, liant les gouvernements. On voulait baliser les pouvoirs des provinces à coup de droits collectifs, un peu comme la Charte des droits le fit, en 1982, avec les droits des individus.

Faute d'une reconnaissance des effets politiques de la différence québécoise, un tel Pacte social aurait le même genre d'effet pervers que la Charte canadienne des droits. Il deviendrait une nouvelle composante d'un nouveau nationalisme *canadian* qui éroderait les pouvoirs exclusifs du gouvernement du Québec en matière sociale.

Par son incapacité à reconnaître le Québec pour ce qu'il est, le système politique canadien excelle à transformer des caractéristiques objectivement communes à tous les Canadiens — tolérance et social-démocratie — en nouveaux facteurs de division entre le Québec et le reste du pays: la Charte des droits et libertés et le Pacte social.

Le droit de veto

L'existence d'un droit de veto du gouvernement du Québec portant sur l'ensemble des modifications constitutionnelles canadiennes qui l'affectent, loin d'être anachronique ou négative, serait quelque chose de profondément normal et de sain dans le contexte canadien. Ce fut le seul commentaire de l'ancien Premier ministre Pierre Elliott Trudeau dans une lettre qu'il m'adressa à propos du *Défi québécois*[2]. Un droit de veto général pour le Québec, en tant que région du pays et représentant de l'élément francophone de la dualité canadienne, lui permettrait de jouer davantage le jeu canadien, tout en se sentant en sécurité.

Le veto était jadis le symbole d'un pouvoir rarement exercé parce qu'on n'amendait à peu près jamais formellement la constitution. Celle-ci se modifiait graduellement, selon la tradition coutumière propre à la Common Law d'origine britannique qui nous régit. Dans une culture politique canadienne nettement plus déclaratoire depuis 1982, on

---

2. «Moi au contraire, j'avais depuis toujours proposé que le Québec retienne son droit de veto, droit précisément qui aurait assuré au Québec une position privilégiée, mais à l'intérieur du fédéralisme» (lettre adressée à l'auteur le 6 novembre 1989).

doit s'attendre à ce que de tels amendements deviennent plus fréquents. De façon générale, l'absence de veto fera de plus en plus mal dans un système politique qui aspire à se structurer davantage.

Prenons l'exemple du système des conférences fédérales-provinciales. Actuellement, on n'y vote pas, les décisions se prenant par consensus, concept se situant entre l'unanimité et l'absence d'opposition. À toutes fins utiles, cela confère au Québec un pouvoir de veto. Le problème est que, à partir du moment où le système sera plus structuré, on votera de plus en plus. Et, on votera selon les règles de la formule générale d'amendement à la constitution: sept provinces représentant 50 p. 100 de la population.

L'entente du 7 juillet 1992, qui ne remet pas en cause la formule générale d'amendement de la constitution, ne règle absolument pas ce problème. Elle ne propose pas que le Québec fasse obligatoirement partie des sept provinces dont le consentement est requis pour modifier la constitution. Et surtout, l'entente ne redonne pas au Québec le droit de veto, comme on le dit communément.

Cette entente se limite à proposer quelque chose de bien différent: exiger désormais le consentement de toutes les provinces pour réformer les institutions fédérales, et ce *après* qu'un Sénat égal, élu et efficace a été imposé au Québec, contrairement à ses intérêts les plus fondamentaux. Ce prétendu gain risque de se retourner contre le Québec, en le mettant dans l'impossibilité de revenir sur le Sénat égal. Par ailleurs, il ne s'appliquera même pas au seul problème important qui restera à régler à propos des institutions fédérales: la formation de nouvelles provinces.

Les autochtones

Aucun phénomène ne met davantage en lumière l'enfoncement du Canada dans une dynamique destructrice que l'exploitation de la question autochtone par un nouveau nationalisme *canadian* en mal d'enracinement. En dépit de la réalité et du sens commun, le système politique canadien a maintenant tendance à mettre sur le même pied les revendications autochtones et les aspirations québécoises. «Ce qui est bon pour l'un doit être bon pour l'autre» est devenu le sophisme à la mode.

Sur ce point, le document fédéral de l'automne 1991 restait raisonnable. Mais quelques mois plus tard, le rapport Beaudoin-Dobbie proposait de reconnaître immédiatement le droit inhérent des autochtones à l'autonomie gouvernementale sans le définir — ce que l'on se refusait à faire pour la société distincte québécoise. On répondait au vœu ardent d'une opinion publique canadienne-anglaise pour laquelle le problème autochtone devait clairement avoir priorité sur la question du Québec.

Les autochtones ont été les grandes vedettes de cette ronde Canada. Ils ont réussi à obtenir quatre représentants aux conférences des ministres responsables de la constitution. Ils ont fait également des gains spectaculaires, faisant accepter la constitution d'un troisième ordre de gouvernement. Celui-ci prendrait le gros de ses ressources et de ses pouvoirs à même ceux des provinces.

Les revendications autochtones se situant toujours à l'intérieur du pays, elles permettent de neutraliser des aspirations québécoises plus menaçantes pour l'intégrité de l'État canadien. Mais la survalorisation du facteur autochtone qui en résulte ne saurait manquer d'avoir des conséquences néfastes, à long terme, sur le Canada. Tout ceci a des airs de déjà vu.

Déjà, à la fin des années 60, à l'époque où la Commission Laurendeau-Dunton sur le bilinguisme et le biculturalisme avait fait miroiter un moment l'espoir d'une solution au mal canadien, on avait survalorisé les groupes ethniques pour éviter d'admettre franchement la dualité culturelle du pays. On accoucha alors d'une politique de multiculturalisme dont la popularité au Canada anglais n'eut bientôt d'égal que son caractère irréaliste.

Vingt-cinq ans plus tard, le Québec est plus aliéné que jamais au sein du Canada. Et certains Canadiens anglais, y compris des membres des groupes ethniques, s'inquiètent de l'affaiblissement de l'identité canadienne causé par un idéal multiculturel qui constituait en partie une façon d'éviter la question du Québec.

Le coup de 1982 en pire

Le déroulement de la ronde Canada nous oblige à constater que le pays, après le rapport Allaire et la Commission Bélanger-Campeau, devant la menace d'un référendum québécois sur la souveraineté, loin d'être capable de dépasser la Conquête en est de plus en plus prisonnier. Alors que, pour le Québec, l'objet minimal de l'opération est de corriger les excès de la Loi constitutionnelle de 1982, le Canada veut réitérer l'opération, mais en l'aggravant.

Sous la gouverne d'un premier ministre fédéral originaire du Québec et sympathique à ses aspirations, le système politique canadien essaie d'accoucher d'un nouveau projet national. Or, non seulement celui-ci n'octroierait pas de pouvoir supplémentaire au Québec, mais il ne maintiendrait même pas le statu quo. Au contraire, il accentuerait l'intégration du Québec au sein du Canada, tout en diminuant le pouvoir du Québec au sein de l'administration fédérale.

Dans le système politique actuel, une dynamique qui dépasse tout le monde condamne l'identité québécoise à alimenter de son énergie et de son dynamisme l'identité canadienne, tout en rendant cette dernière de moins en moins apte à reconnaître le Québec comme il est réellement. Accepter un pays qui ne nous reconnaît pas pour ce que nous sommes, alors que nous n'avons pas le pouvoir de l'empêcher d'agir et que son histoire révèle une profonde tendance à s'alimenter à partir de notre identité, c'est courir à notre perte.

La plupart des Canadiens anglais croient dur comme fer que, si l'on accorde davantage d'autonomie au Québec, celui-ci en demandera toujours plus, pour quitter tôt ou tard le pays et le détruire. Dans le fond, ils pensent que les Québécois ne restent dans le Canada que dans la mesure où ils sont obligés de le faire. En fait, ils sont les premiers convaincus de ce que le pays est bâti sur la Conquête.

Cela explique pourquoi, aux demandes québécoises les plus raisonnables pour obtenir davantage d'autonomie, le Canada répond par des projets toujours plus centralisateurs: après les revendications de la Révolution tranquille, la Loi constitutionnelle de 1982; après les rapports Allaire et Bélanger-Campeau, l'entente de juillet 1992 sur le Sénat triple E. Ces projets ont pour objet de préserver l'unité nationale telle que la conçoivent les Canadiens anglais; ils visent à lier davantage au pays un Québec dont on se méfie profondément. Le drame est qu'ils ont surtout pour effet de porter à des sommets inégalés l'aliénation des Québécois au sein du Canada. Dans ce genre de système, le dynamisme des Québécois se retourne immanquablement contre eux.

La dynamique canadienne actuelle n'est pas compatible avec le maintien au Québec des principaux acquis de la Révolution tranquille. Se résigner au nouveau Canada qui s'annonce par peur de remettre en cause le statu quo serait, pour la société distincte québécoise, plus qu'une méprise tragique. Ce serait consentir à sa désintégration sous les coups de butoir du bulldozer constitutionnel canadien.

Depuis l'échec de l'Accord du lac Meech, il est clair que toute redéfinition de la relation entre le Québec et le Canada doit passer par une rupture avec un ordre constitutionnel qui est, de par sa nature même, absolument réfractaire à cette redéfinition. Le nœud gordien constitutionnel, le Québec n'aura pas d'autre choix que de le rompre.

Le fédéralisme asymétrique

Un véritable déblocage sur la société distincte, avec son important volet économique, aurait constitué un développement fondamental, d'abord parce qu'il aurait résulté d'une reconnaissance réelle des conséquences politiques de la différence québécoise. Cela aurait donné naissance à un fédéralisme davantage asymétrique — la bête noire des trudeauistes[3].

Une objection que l'on peut adresser au transfert de certains pouvoirs fédéraux au seul gouvernement du Québec est que le pouvoir des Québécois à Ottawa en sera obligatoirement diminué. De fait, en contrepartie de ce surcroît de pouvoir que la majorité des Québécois récupéreraient sur eux-mêmes, certains Québécois disposeraient de moins de pouvoir sur l'ensemble des Canadiens.

---

3. Le fédéralisme asymétrique est une sorte de fédéralisme où certains membres de la fédération, en l'occurrence au Canada le Québec, peuvent exercer des pouvoirs que d'autres n'ont pas.

Cette objection visant le fédéralisme asymétrique aurait de la valeur si le statu quo — en l'occurrence le maintien du pouvoir québécois à Ottawa — était envisageable à terme, de façon réaliste. Force est malheureusement de constater que ce n'est pas le cas: on l'a bien vu lors de la ronde Canada.

Dans un Canada où le Québec n'a plus de droit de veto, où il est de plus en plus marginalisé sur le plan démographique entre autres, dans un pays où la dualité canadienne subit de plus en plus la concurrence de la Charte des droits et du principe de l'égalité des provinces, en attendant l'union économique et le pacte social, il n'est pas réaliste d'escompter le maintien intégral des acquis du *French Power* à Ottawa.

C'est aussi vrai dans le cas des grands organismes biculturels canadiens, comme Radio-Canada, le Conseil des Arts ou l'Office national du film. Non seulement ces institutions font l'honneur du pays, mais en général elles ont bien servi le Québec. Ce qui fait problème ici, ce n'est pas le passé, mais bien l'avenir: le maintien du caractère dualiste de ces institutions sous l'égide d'un gouvernement fédéral contrôlé par une majorité qui rejette de plus en plus cette notion. Déjà, il est révélateur que l'on ait pu nommer à la fonction essentiellement symbolique de gouverneur général quelqu'un qui est incapable de s'exprimer en français.

Ce qu'il faut, c'est prendre une mesure réaliste de cette perte d'influence inévitable dans le tout canadien, ne pas la surestimer, ne pas la sous-estimer non plus. Ce qu'il faut surtout, c'est faire en sorte que cette perte de pouvoir à Ottawa soit compensée par un vrai tranfert de responsabilités à Québec.

Or, si la perte d'influence à Ottawa devient de plus en plus évidente, aucun déblocage touchant la question de l'asymétrie n'apparaît: absolument aucun pouvoir n'est attribué exclusivement au Québec.

Pire, en plein cœur de la ronde Canada, le gouvernement fédéral rendait publics des projets de loi fondamentalement centralisateurs dans deux domaines cruciaux pour l'avenir du Québec: les communications et l'environnement.

Un statut particulier sans que cela soit dit?

Mais, dira-t-on, cette reconnaissance formelle de la société distincte ou de l'asymétrie est-elle si importante que cela? A-t-on si mal vécu sans elle pendant plus de deux cents ans?

Qu'en est-il des dispositions techniques comme le droit de retrait, les pouvoirs partagés avec prépondérance provinciale, les ententes bilatérales Ottawa-Québec? Par la bande, ne permettraient-elles pas au Québec de se constituer de facto un statut particulier, dans un système ouvert à nouveau à une certaine asymétrie, sans avoir à affronter directement le Canada anglais sur la question de la société distincte?

De fait, cette utilisation pragmatique de la culture politique canadienne a permis au Québec, en particulier dans les années 60, de récupérer des pouvoirs et de se constituer une forme de statut particulier dont nous profitons aujourd'hui. Malheureusement, il n'est plus réaliste de miser sur le droit de retrait ou sur les pouvoirs prépondérants dans le Canada de 1992. Le contexte a beaucoup changé et tout indique qu'il changera encore davantage dans les prochaines années. Là encore, c'est le maintien du statu quo qui est irréaliste.

Traditionnellement, la culture politique anglo-saxonne était non déclaratoire, ce qui enlevait de l'importance à la non-reconnaissance de la différence québécoise. Le problème est que le nouveau Canada issu de la Loi constitutionnelle de 1982 est beaucoup plus réfractaire au non-dit, au droit de retrait et à l'incohérence créatrice. Il aspire à se constituer en vrai pays, à l'américaine.

Imbu de déclarations de principes, de chartes, ce nouveau Canada est disposé à reconnaître à peu près tout le monde: des autochtones aux femmes, en passant par les groupes multiculturels, le Nord, les sociétés provinciales, les environnementalistes, en attendant les autres. Il est révélateur qu'il bute sur la différence politique la plus fondamentale et la plus irréductible en ce pays: le Québec.

Face à ce nouveau projet national canadien exprimé de façon beaucoup plus positive que par le passé, la société québécoise ne pourra pas rester dynamique et créatrice à partir de dispositions constitutionnelles essentiellement négatives comme le droit de retrait ou la clause nonobstant. Dans le contexte canadien, sans veto, cette société sera de plus en plus sur la défensive, alors qu'elle l'est déjà beaucoup trop.

Que l'on pense au prix politique énorme que le Québec paie déjà, sur le plan canadien et international, pour l'usage d'une disposition constitutionnelle négative comme la clause nonobstant, et cela malgré la légalité incontestable de l'utilisation de cette clause. Par conséquent, dans les années qui viennent, il faut s'attendre à ce que les Québécois les plus dynamiques aient tendance à travailler à un nouveau projet national canadien qui, en dépit de ses lacunes, aura l'énorme avantage d'être positif.

Que ce soit à intérieur ou à l'extérieur du Canada, le Québec a besoin de se projeter, de façon positive, dans l'avenir.

La bonne volonté du Canada anglais

Il est facile se sombrer dans l'ironie gratuite, voire dans la franche agressivité, quand on prend conscience de la foklorisation et de l'implosion qu'imposerait à terme à l'identité québécoise une proposition comme celle du 7 juillet 1992. C'est qu'il existe une dangereuse dynamique antagoniste entre une identité québécoise et une identité canadienne très enchevêtrées. Comme si, pour continuer d'exister, l'une devait de plus en plus agresser l'autre, et vice versa.

Cette réalité affligeante n'a que peu à voir avec la bonne ou la mauvaise volonté des Canadiens et des Québécois pris individuellement. Si cela avait été nécessaire, ma participation à trois des cinq grandes conférences constitutionnelles de janvier 1992 aurait suffi à me convaincre à la fois de la touchante bonne volonté de beaucoup de Canadiens à l'égard du Québec et des limites de celle-ci. Émotivement, on voudrait tellement que le Québec y soit; mais, en même temps, pour beaucoup de Canadiens, accepter le Québec de 1992 tel qu'il est, c'est renier l'essence même de ce qu'ils sont, eux.

La tenue de la ronde Canada aura eu des effets positifs, même si elle n'aboutit pas à la présentation d'offres constitutionnelles acceptables pour le Québec. En l'absence du Québec, elle aura permis au reste du Canada de se définir davantage en fonction de lui-même. Elle aura aussi permis de constater qu'il existe un début d'acceptation de la société distincte québécoise sur le plan culturel.

Cela ne saurait faire oublier que le blocage reste fondamental. On est loin du sens minimal que les Québécois qui y croient entendent donner au concept de société distincte. Cet embryon de reconnaissance reste important pour le dialogue qu'il faudra maintenir, quoi qu'il arrive, avec certains éléments du reste du Canada. On doit se réjouir de ce que ce concept porteur d'avenir qu'est la société distincte soit encore présent dans les débats politiques canadiens et québécois.

Enfin, un autre effet positif de la tenue de cette ronde constitutionnelle est d'avoir permis à bon nombre de Québécois et de Canadiens de voir de façon plus lucide comment fonctionne le pays. Ils comprennent que celui-ci est prisonnier d'une dynamique qui dépasse les bonnes et les mauvaises volontés individuelles.

Le conflit d'identités collectives, le conflit de visions entre le Québec et le Canada ont été bien décrits dans le rapport de la Commission Bélanger-Campeau. Ils sont à l'image du fossé qui sépare les deux communautés et dont il faut prendre acte si l'on ne veut pas que disparaisse la sympathie qui existe encore entre elles.

Ce qui est étonnant, dans le fond, ce n'est pas qu'il y ait de l'animosité entre le Québec et le reste du Canada: c'est plutôt qu'il n'y en ait pas davantage. Sans doute est-ce prometteur pour l'avenir, dans la mesure où l'on sera plus capable de s'attaquer au vrai problème.

Ils n'ont rien compris...

Pour le reste, rêvons!... Rêvons que la ronde Canada ait fait rétroactivement comprendre à beaucoup de nationalistes québécois la victoire majeure que constituait l'Accord du lac Meech: la possibilité d'empêcher une réforme du Sénat qui va à l'encontre des intérêts fondamentaux du Québec; une reconnaissance de la société distincte québécoise dans le corps de la constitution, sans qu'elle soit limitée au domaine culturel; la dualité comme caractéristique fondamentale du Canada.

Troublante coïncidence! L'appui de la plupart des nationalistes québécois à l'Accord du lac Meech ne s'est manifesté
que lorsqu'il fut clair que l'entente ne serait pas entérinée.
Auparavant, s'appuyant sur les Acadiens, Frank McKenna
avait eu tout le loisir de jouer avec le feu; les opposants
canadiens-anglais avaient pu clamer à tout venant que l'on
pouvait reformuler sans danger une entente à laquelle le
Québec ne tenait pas vraiment.

Il est trop facile d'accuser le manque de vision du Canada
anglais et des francophones hors Québec: les nationalistes
québécois sont également responsables de l'échec de l'Accord
du lac Meech. Bon nombre d'experts ne voyaient dans l'entente, il y a juste quatre ans, que coquille vide, quand ce
n'était pas injure au Québec. On supplia le gouvernement
québécois de reconsidérer l'entente pour y rattacher le
concept de société distincte à la langue française, alors qu'on
voit bien aujourd'hui que c'était en fait le limiter.

Pour l'instant, croisons les doigts. Si les nationalistes qui
gravitent autour du Parti québécois ne deviennent pas plus
lucides, le Québec court à sa perte. Constatons que, de
certains d'entre eux, on peut déjà dire ce que l'on racontait
des Bourbons restaurés en France, en 1815: «Ils n'ont rien
compris; ils n'ont rien appris; ils n'ont rien oublié.»

LA RUPTURE

La rupture-épouvantail

En automne 1990, avant que je ne commence à travailler au secrétariat de la Commission Bélanger-Campeau, on me demanda mon avis sur une série de questions que la Commission entendait poser à des experts dont elle retiendrait les services. Toutes ces questions ou presque étaient positives: «Quelles sont les principales expériences historiques d'intégration économique et d'affirmation politique qui sont pertinentes pour le Québec?» Instinctivement, je suggérai l'ajout d'une double question: «Jusqu'à quel point la rupture doit-elle aller? Quelle forme doit-elle prendre?»

Je me souviendrai longtemps du silence embarrassé qui accueillit ma suggestion, de même que mon plaidoyer en sa faveur: j'eus le sentiment d'avoir été déplacé en abordant un sujet tabou qui mettait tout le monde mal à l'aise. La question, manifestement jugée trop négative, ou plutôt pas assez constructive, ne fut pas retenue. Et pourtant, la culture politique au secrétariat de la Commission Bélanger-Campeau était nettement souverainiste

Ce refus viscéral d'envisager quelque rupture que ce soit dans la relation Canada-Québec est paradoxal. En effet, les événements des dernières années ont clairement démontré qu'on s'enlisait dans un cercle vicieux de plus en plus destructeur pour tout le monde. Et pourtant, l'un des points communs à toutes les tentatives visant à régler le problème, souverainistes comme fédéralistes, c'est la difficulté d'envisager une rupture d'avec le système actuel. Chose étrange, l'homme de la rue paraît davantage disposé à aborder le problème que les élites, même quand celles-ci sont très nationalistes.

Les souverainistes font miroiter une indépendance sans douleur, qui nous ferait sortir de l'ornière de façon un peu magique. Le coût de la période de transition? Nul. On se frotte d'avance les mains à l'idée de continuer à utiliser le dollar canadien, et ce dans l'hypothèse même où le reste du pays refuserait l'union monétaire[1]. Les Québécois qui le désirent pourront, bien sûr, conserver leur passeport canadien: le Canada n'a-t-il pas toujours accepté la possibilité de la double nationalité pour ses citoyens? Mais de rupture, point: qu'est donc ce concept négatif que l'on utilise pour faire peur aux gens?

Les Québécois qui nous disent favoriser un Canada profondément renouvelé prétendent, eux, qu'un cancer généralisé se guérira tout seul avec le temps, si l'on y met du sien et si on l'oublie un peu pour s'occuper des vrais problèmes, de la situation économique en particulier. Pour ces fédéralistes, toute rupture est évidemment l'impensable, et la

---

1. Cette possibilité de se servir du dollar canadien comme monnaie d'un éventuel Québec indépendant, semble incontestable. Ce qui est critiqué ici, c'est l'utilisation qui est faite de cet argument pour escamoter la rupture: il est révélateur que cela ne rassure pas les Québécois quant aux risques de la souveraineté, tout en choquant les autres Canadiens.

cause des drames réels ou hypothétiques qui feront obligatoirement suite à l'accession éventuelle du Québec à l'indépendance.

À mesure que l'on se rapprochera du dénouement, on
peut être certain que cette rupture-épouvantail sera de plus en
plus brandie par un Canada anglais qui sent bien qu'il s'agit
là, toutes tendances confondues, du talon d'Achille des Québécois. La majorité de ceux-ci aspirent peut-être à la souveraineté, mais ils sont manifestement incapables d'affronter
le vrai changement qu'elle impliquerait dans la relation
Canada-Québec. En musique, qui est l'art d'organiser harmo-
nieusement les sons, on parle de rupture de façon positive,
pour indiquer un changement: rupture dans le mouvement,
rupture dans le rythme. Qui dit rupture ne dit pas forcément
catastrophe.

On n'a pas vraiment d'autre choix que d'envisager la
rupture, ne serait-ce que parce qu'elle est déjà en partie
entamée de façon irréversible. Par ailleurs, elle reste un
prérequis à l'élaboration de tout projet collectif québécois qui
ne soit pas qu'un vœu pieux et qui ait quelque chance de se
réaliser.

Pendant que l'on gaspille beaucoup de temps et d'énergie
à essayer de convaincre les Québécois de la possibilité d'une
souveraineté sans rupture, on est plus avare de paroles quant
il s'agit d'expliquer ce que l'on fera avec la souveraineté elle-
même. Ce n'est pas un hasard: l'incapacité à penser vraiment
la rupture est l'une des principales raisons expliquant qu'au
Québec l'on en est resté, pour l'essentiel, au projet national
élaboré à l'époque de la Révolution tranquille. Le problème
est que ce projet a été réalisé pour la plus grande partie
depuis.

Pas étonnant que le profil d'un nouveau Québec souverain manque de précision et suscite peu d'enthousiasme. Le

refus de penser la rupture est avant tout un refus de penser le changement. Cela stérilise fondamentalement tout nouveau projet national québécois, le vidant artificiellement de toute urgence et de toute signification, lui enlevant, en fait, toute importance. Est-il si nécessaire de se donner un pays si l'on persiste à garder monnaie et passeport canadiens, si c'est si facile? Pourquoi mobiliser tant d'énergie, si au fond cela ne change rien, ou si peu?

L'effet démobilisant de cette perspective peut être comparé aux conséquences à long terme des dispositions de la loi 101 qui imposèrent l'affichage unilingue français en 1977, trois ans avant le référendum perdu de 1980. Comme la plupart des Québécois, le premier moment de surprise passé, je m'étais rallié à l'époque à cette mesure. Avec le recul, elle m'apparaît avoir été une erreur magistrale, dans la mesure où l'on ne fut pas capable de préciser clairement dès le départ qu'il s'agissait de dispositions temporaires pour mettre fin à une domination indue de l'anglais au Québec.

Parce qu'elle donna aux Québécois un sentiment artificiel de sécurité et qu'elle fut vécue comme un substitut psychologique à l'indépendance, l'imposition de l'affichage unilingue français ne fut pas étrangère au fiasco référendaire, trois ans plus tard. Pourquoi accéder à une indépendance, sans doute difficile, quand on pouvait faire «ça» à l'intérieur du Canada? Le problème est que le NON référendaire ouvrit la voie à une Charte canadienne des droits qui rendit beaucoup plus difficile de faire justement «ça» à l'intérieur du Canada.

Cette difficulté à envisager une rupture, à affronter le changement explique pourquoi, de façon assez sage, le premier choix de la majorité de la population québécoise serait, quoi qu'on en dise, le statu quo, s'il était toutefois possible d'envisager le maintien de celui-ci. L'aspiration des Québécois à la souveraineté apparaît, dans une certaine mesure, comme une réaction contre un projet national canadien-anglais qui remet en cause ce statu quo.

Une rupture à apprivoiser

Il est tout à fait normal que tout être humain, toute collectivité répugnent à envisager une rupture, déstabilisante par définition: on quitte un terrain balisé, que l'on connaît bien, pour entrer dans un territoire inconnu, sans repères et potentiellement dangereux. Qui dit rupture dit déséquilibre momentané et inquiétant.

Une rupture se vit toujours de façon quelque peu douloureuse, car, dans un premier temps, ce sont les manques que l'on ressent alors que les bienfaits, si grands et si probables soient-ils, ne sont encore que lointains et hypothétiques. Affronter une rupture, c'est prendre conscience qu'il y aura des pertes, plus importantes peut-être qu'on ne les imagine, des pertes peut-être si grandes qu'elles rendront impossible l'accès à cette réalité nouvelle pour laquelle on a pourtant rompu.

Et alors catastrophe: impossible de revenir en arrière. Par notre faute, nous aurons tout perdu. Et punis nous serons de notre témérité quand nous assisterons à notre débâcle.

Beaucoup de nationalistes préfèrent donc fermer les yeux sur cette étape angoissante, serrer les dents et plonger, en priant pour le succès de l'entreprise. Dans le cas du Québec, cela équivaut à plonger courageusement du mauvais côté de la piscine, là où il n'y a que deux pieds d'eau, sous prétexte que les grandes profondeurs nous donnent le vertige. Pourtant, si l'on avait seulement entrouvert un œil, on aurait vu qu'il y en avait huit pieds de l'autre côté du bassin. Et l'on aurait peut-être réussi son plongeon.

Cette aversion viscérale des Québécois pour la rupture est une des séquelles les plus profondes du traumatisme collectif que leurs ancêtres canadiens subirent au milieu du XVIIe siècle, au moment de la séparation d'avec la France. Comme on l'a dit, l'identité canadienne d'alors était encore en formation; elle n'était pas encore autonome, et dépendait de l'identité française. De façon bien compréhensible, cette jeune identité fut fortement marquée par la rupture prématurée qui lui fut imposée.

Pas étonnant que l'identité québécoise moderne soit allergique à toute rupture qu'elle a spontanément tendance à assimiler à la catastrophe originelle dont elle ne s'est jamais vraiment remise. Or l'on provoque souvent inconsciemment ce dont on a le plus peur. Le risque existe que cette incapacité à dépasser cette crainte refoulée amène les Québécois à s'infliger à nouveau cette rupture destructrice qu'ils redoutent tant. Ou alors, ils seront incapables d'imposer la rupture constructive, le véritable changement qui est absolument nécessaire dans l'actuelle relation Québec-Canada.

Ne pas rompre assez, rompre trop: dans le fond cela revient au même. Dans les deux cas, c'est ne pas savoir rompre.

Comme la plupart des peurs, la peur de la rupture, la peur du changement s'exorcisent en partie d'elles-mêmes quand on cesse de les fuir. Dans le cas de la relation Canada-Québec, une fois le premier moment de panique passé, on réalise que de toute façon la rupture est déjà en partie consommée, irréversiblement. Par ailleurs, tout indique qu'elle n'a pas à être totale. Cela dit, il est clair que la rupture n'est pas suffisamment accomplie.

L'amorce de la rupture: l'échec de l'Accord du lac Meech

Après l'adoption de la loi 178 sur la langue de l'affichage au Québec et les manifestations antifrançaises à Sault-Sainte-Marie en Ontario, après une interminable agonie fertile en émotions, d'ultimes négociations intensives, l'Accord du lac Meech expira finalement le 23 juin 1990. Cela se passait sur fond de Congrès libéral à Calgary, où Pierre Elliott Trudeau et Clyde Wells eurent vraiment l'air de s'amuser aux dépens du Québec.

Ces événements ont provoqué une mutation de l'identité québécoise moderne. La semaine surréaliste de juin 1990, où les onze premiers ministres essayèrent *in extremis* de sauver l'Accord sous les yeux fascinés de la presque totalité des Québécois, a manifestement constitué un tournant décisif: on en parlait jusque dans les Dunkin Donuts.

Ce qui frappa les Québécois, plus que la spectaculaire décision de leur premier ministre de ne plus participer aux discussions des autres premiers ministres sur la société distincte, ce fut le fait que ceux-ci continuèrent à en parler sans vergogne en l'absence de M. Bourassa. Puis, l'Accord miraculeusement sauvé dans l'émotion, un autochtone exauça, dix jours plus tard, les vœux ardents d'une grande partie de l'opinion publique canadienne-anglaise en empêchant la ratification de l'entente.

Rarement la dépendance structurelle du pays à l'égard de la Conquête ne sera apparue aussi clairement dans le Canada moderne. Car malgré tous les efforts pour brouiller les cartes sous les technicités juridiques ou constitutionnelles, la plupart des Québécois saisirent instinctivement cet enjeu politique aussi simple que fondamental: le système politique canadien était incapable de reconnaître une fois pour toutes le Québec comme il était, différent du reste du Canada. Point.

L'élément important était évidemment ce point que l'on s'avérait incapable de mettre après la reconnaissance. Un vrai rendez-vous avec l'Histoire venait de tomber à l'eau. Comme l'avaient noté certains analystes canadiens-anglais, la reconnaissance de la différence québécoise, telle que formulée dans l'Accord du lac Meech, constituait le dépassement par le Canada de la Conquête[2]. Celle-ci n'aurait plus été à l'avenir l'un des éléments structurants de la relation Québec-Canada. Il serait resté aux Québécois à assumer les effets passés d'un antique événement qui les a changés pour de bon, effets sur lesquels ils ne peuvent rien.

À cette demande éminemment juste et raisonnable du Québec, le Canada a clairement dit non. Tout le Québec l'a bien compris ce 23 juin 1990: ce jour-là, un attachement émotif pour un certain Canada est bien mort. Cette rupture-là, elle est irrémédiablement accomplie, même si toutes les conséquences n'en sont pas assumées.

Cela ne veut pas dire que les Québécois ne sont plus attachés au Canada. Cela signifie qu'ils sont maintenant conscients de ce que leur attachement à ce pays n'est pas que librement consenti.

La rupture côté anglais: le choc du rapport Allaire

Le Canada anglais ne perçut pas vraiment l'échec de l'Accord du lac Meech comme une rupture avec le Québec. Au contraire, certaines réactions là-bas révélèrent que l'on était conscient de renouer avec une tradition historique de mise au pas du Québec. Celle-ci va de la pendaison de Louis Riel, dans les années 1880, aux conscriptions successivement

---

2. Parmi d'autres, William Thorsell, éditeur du quotidien torontois *The Globe and Mail*, avait fait ressortir ce point.

imposées aux Québécois contre leur volonté, durant les deux dernières guerres mondiales.

Certains hommes politiques canadiens-anglais laissèrent entendre qu'ils s'attendaient à des réactions émotives dans la province française. Avec le temps, cela se tasserait: comme toujours, le Québec finirait par se ranger. Et il est vrai qu'il faut chercher longuement dans l'histoire du Canada pour trouver un seul épisode où le Québec a pu sortir vainqueur d'un véritable affrontement avec le reste du pays.

On s'inquiéta quand même un peu lorsque les audiences de la Commission Bélanger-Campeau révélèrent l'ampleur de l'aspiration souverainiste et du rejet du Canada. C'est alors que, en plein milieu de l'étude de la Commission, éclata la bombe du rapport Allaire, le nouveau programme constitutionnel du Parti libéral du Québec. Dix jours après sa parution, ce rapport avait changé la dynamique de la relation Canada-Québec.

Le coup avait clairement porté; au Canada anglais, un ressort s'était brisé, qu'il n'était plus dans le pouvoir de personne de réparer. Bribe par bribe, le Premier ministre québécois annonça, dans les mois suivants, qu'il répudiait dans les faits le rapport Allaire. Mais de l'autre côté de la rivière des Outaouais, cela ne signifiait pas que l'on reviendrait à la situation antérieure: plus jamais le Canada anglais ne serait le même à l'égard du Québec.

Il avait désormais sur ce dernier une information dont il ne disposait pas auparavant, son interlocuteur québécois privilégié, M. Pierre Elliott Trudeau, ne la lui ayant jamais fournie: l'existence d'aspirations québécoises fondamentalement incompatibles avec le Canada issu de la Loi constitutionnelle de 1982. Une partie du Canada anglais savait maintenant qu'il ne s'entendrait jamais avec le Québec dans le cadre de ce système.

Ce serait évidemment une erreur que d'attribuer le déclenchement de cette mutation canadienne-anglaise au seul Parti libéral du Québec. Le reste du pays savait que le Parti québécois favorisait l'indépendance; il s'attendait à ce que le rapport à venir de la Commission Bélanger-Campeau soit très nationaliste: le rapport du Parti libéral était le dernier espoir d'un certain Canada.

En fait, il s'est agi d'une conséquence du consensus québécois exceptionnel post-lac Meech. La force de ce consensus a permis l'émergence incontournable sur la scène canadienne du fait québécois dans sa différence. Une phrase du rapport Allaire, du type «Le Sénat sera aboli», valait mille colloques explicatifs du Québec au Canada anglais. Le Québec réussit à imposer à ce dernier le début de rupture émotive qui avait été le sien seul à la suite de l'échec de l'Accord du lac Meech.

La relation avec le Québec étant l'un des paramètres fondamentaux du Canada anglais, ce dernier se mit alors à changer plus rapidement et plus profondément que la plupart des Québécois ne le réalisèrent sur le coup. On ne donnerait pas nécessairement suite aux revendications du Québec, mais, dans les relations avec le Canada anglais, on était entré dans une nouvelle ère où plusieurs des anciennes règles ne tiendraient plus.

Fait majeur pour l'avenir, le Québec avait été capable d'imposer à son partenaire un début de rupture constructif, respectueux de ce qui était au cœur de l'identité canadienne-anglaise de ce début de février 1991. Il avait tenu compte de deux facteurs émotivement vitaux: le maintien d'une entité politique appelée Canada et, à tout le moins, le report d'une déclaration unilatérale d'indépendance.

Désormais, l'emprise idéologique de M. Trudeau sur la pensée politique canadienne-anglaise s'atténuerait. Il est significatif que, dans sa réaction à la proposition fédérale de l'automne 1991, le Premier ministre de Terre-Neuve, M. Clyde Wells, se soit écarté de son maître à penser en approuvant la version édulcorée de la société distincte qui apparaissait dans le document.

Des perspectives intéressantes s'ouvraient pour le Québec, dans la mesure où il était conscient de ce que le début de rupture qu'il avait lui-même expérimenté lors de l'échec de Meech était maintenant consommé au Canada anglais.

Une rupture incomplète

Des deux côtés, quelque chose a fondamentalement changé. L'émergence du Bloc québécois au Québec et du Reform Party dans le reste du pays sont des signes qui ne trompent pas; ils sont annonciateurs de la restructuration du système politique canadien. Dans ce processus, les autochtones jouent un rôle clé sur le plan symbolique.

De nombreuses escarmouches, dont l'une des plus spectaculaires fut l'affaire Lindros, montrent bien que la rupture est déjà là, avec ce qu'elle comporte d'irrémédiable et de déprimant; quelque part, le Canada se veut sans le Québec et le Québec se veut sans le Canada. Les Canadiens anglais se sentent souvent irrités, les Québécois mal aimés. Les deux groupes se rejoignent dans un sentiment d'impuissance inquiète et un ras-le-bol de plus en plus généralisé.

C'est que, pour l'heure, le changement reste trop incomplet pour générer des effets vraiment positifs. Un certain nombre de signes le montrent, le premier d'entre eux étant le déroulement de la ronde Canada tout au long de l'année 1991-1992. Dans un certain Canada officiel, non seulement l'éternel cercle vicieux continue, mais il s'accentue.

Par ailleurs, s'il n'est pas mauvais en soi qu'une formation comme le Reform Party rende compte de l'aliénation de l'Ouest au sein du Canada, ce parti politique n'aspire à un changement dans la relation Canada-Québec que dans la mesure où ce dernier se rangera aux désirs du reste du pays. Au Canada anglais, on en est encore souvent à la phase de dénégation du problème. C'est ainsi que dans un livre qui a fait un certain bruit[3], on considère le départ du Québec non seulement comme désirable, mais comme nécessaire. Mais attention! Ce Québec séparé devra être littéralement charcuté, amputé du Nord, de l'Outaouais, de la basse Côte-Nord, du West Island et même de la rive sud du Saint-Laurent.

Le paradoxe, c'est que les auteurs, qui dédient leur ouvrage à René Lévesque, prétendent ne nourrir aucun sentiment d'agressivité à l'égard de ce Québec indépendant avec lequel ils admettent qu'il sera nécessaire d'entretenir des relations amicales. Leur manque de lucidité les empêche de transformer en énergie positive l'agressivité qu'ils ressentent à l'égard d'aspirations québécoises qui menacent l'intégrité du Canada.

Par ailleurs, au Québec, les conséquences de l'amorce de rupture avec le Canada anglais sont encore escamotées pour l'essentiel. Beaucoup de fédéralistes ne réalisent pas qu'on n'est déjà plus dans le statu quo ou semblent croire qu'il sera possible d'y revenir. L'idéal souverainiste, quant à lui, reste inchangé, irréalisable à force d'être intangible.

De manière générale, la plupart des Québécois ne comprennent pas que l'expression, par certains Canadiens anglais — y compris les autochtones — de sentiments d'agressivité à

---

3. *Goodbye... et bonne chance! Les Adieux du Canada anglais au Québec*, David J. Bercuson et Barry Cooper, Le Jour éditeur, 1991.

leur égard est non seulement inévitable, mais normale, compte tenu du processus de détachement qui est en cours. À peu près personne ne souligne qu'au-delà d'aspects constitutionnels et économiques dont on parle toujours, un changement fondamental comme celui que l'on est en train de vivre dans la relation Canada-Québec a des conséquences psychologiques et émotives sur les gens. Celles-ci sont d'autant plus importantes que ce sont elles qui, pour l'essentiel, décideront du coût plus ou moins grand de la très importante période de transition.

Les études sur les conséquences économiques de l'indépendance du Québec, quelles que soient leurs conclusions, passent à côté du véritable problème. Celui-ci est politique et, en conséquence, chargé d'irrationnel et d'émotion.

Un vieux couple

Les identités québécoise et canadienne s'interpénètrent si profondément qu'une rupture trop brutale, ou trop totale, les détruirait à coup sûr l'une et l'autre. L'analogie qui est souvent faite d'un vieux couple envisageant de divorcer est assez juste. Nous sommes en présence d'une manière d'amour déçu, les partenaires depuis longtemps dépendants l'un de l'autre ne pouvant cependant concevoir de se séparer, même s'ils ne s'entendent plus.

En février 1992, je reçus de la part d'un charmant couple de Vancouver ayant vraisemblablement lu la traduction anglaise du *Défi québécois* une carte de Saint-Valentin. On y célébrait l'amour que l'on portait à un Québec que l'on suppliait de ne pas abandonner le Canada: «*Please, don't leave us!*»

Au siècle dernier, toute une littérature mettait l'accent sur la complémentarité entre un Canada français intellectuel, religieux, idéaliste et un Canada anglais pragmatique, affai-riste, axé sur l'action. Encore aujourd'hui, des Canadiens anglais accuseront quelquefois le Québec d'être la femme entretenue de la Confédération, alors que pour un certain nombre de Québécois, le Canada reste le symbole du pour-voyeur viril et sécurisant.

Les Québécois sont systématiquement exploités sur le plan de l'identité dans ce pays. Mais, en contrepartie, ils y ont toujours joué un rôle clé, disproportionné parfois. Pas étonnant qu'ils ne laissent pratiquement aucun Canadien anglais indifférent, suscitant des sentiments qui oscillent entre la franche agressivité et une sincère affection. Par contre, la plupart des Québécois s'intéressent assez peu aux Canadiens anglais, cette froideur étant très évidente chez les nationa-listes. Mais ces mêmes Québécois sont sensibles au regard que l'Anglais porte sur eux. Combien d'entre eux ne se précipitent-ils pas sur les journaux anglophones, lorsqu'un événement important qui les concerne se produit? Ils vont vérifier ce que les Anglais en pensent et comment ils les jugent et les perçoivent.

Cette présence de l'autre qui provoque, qui stimule et qui féconde a toujours existé entre les deux collectivités. Et si se quereller est encore une façon d'être ensemble, on peut dire que le Québec et le reste du Canada vivent une relation d'une intensité peu commune.

Un ancien ministre fédéral originaire du Québec, dont la carrière à Ottawa n'avait pas manqué de panache, me confia un jour une de ses impressions sur le Canada: «Les Québé-cois, ce sont un peu des vedettes pour les Canadiens anglais, des gens honorables mais un peu ternes, leurs éléments les plus anticonformistes ayant tendance à émigrer aux États-Unis.» Tout Québécois qui a pu frayer avec des Canadiens anglais sait qu'il y a du vrai dans cette affirmation.

Si l'on pousse plus loin l'analogie, on constate que la rupture aura pour effet, entre autres, de priver d'un coup le Québec-vedette de son public et l'auditoire canadien-anglais de son divertissement. Bien sûr, le Québec est un vieux rocker fatigué de donner un spectacle de moins en moins apprécié par le public canadien-anglais. Au fond, ces deux peuples désirent passer à autre chose. Mais la peur demeure de se sentir amputé de l'autre, de se retrouver seul, au début du moins.

Heureusement pour le Québec, il existe en son sein une minorité anglophone inassimilable, dont la fidélité première va traditionnellement au Canada, sans rejeter le Québec. Ce groupe anglo-québécois peut représenter une planche de salut permettant de compenser certains des effets négatifs d'une rupture dans la relation Canada-Québec en créant une certaine forme de continuité et de trait d'union. Les Québécois auront ainsi la possibilité de se redonner, selon d'autres règles qu'ils détermineront à titre de communauté majoritairement francophone, l'interlocuteur qu'ils viendront de perdre dans le contexte canadien. On reviendra plus loin sur ce point important.

L'ambivalence-impuissance

Sous certains aspects, l'identité québécoise moderne reste encore une identité canadienne occultée. Je suis toujours étonné de constater à quel point le Québec, pour beaucoup de mes étudiants de science politique, est déjà indépendant. En même temps, cela ne les empêche pas de vibrer pour certains athlètes canadiens-anglais aux Jeux olympiques. Cela me rappelle cet ami, fervent promoteur de l'indépendance qui, par principe, faisait toujours le plein chez Pétro-Canada, «parce que cela nous appartient», tenait-il à préciser...

Cela nous conduit, bien sûr, à tous ces Québécois et à toutes ces Québécoises qui votèrent, en même temps et avec la même belle conviction, pour un René Lévesque à Québec et un Pierre Elliott Trudeau à Ottawa, deux hommes qui tenaient des discours parfaitement antinomiques. Sans doute avaient-ils l'impression de gagner sur tous les tableaux, dignes descendants de paysans normands retors et matois.

Beaucoup de ces Québécois se désolent sans doute aujourd'hui du marasme dans lequel le Québec et le Canada sont enlisés. Ils en rendent probablement responsables les politiciens en général, et ces premiers ministres canadiens-anglais en particulier qui furent incapables d'honorer la signature qu'ils avaient apposée à l'Accord du lac Meech. Force est de constater que ces Québécois escamotent un peu vite leur part de responsabilité dans l'affaire. Certains analystes ont justement noté, à partir des résultats des élections fédérales qui eurent lieu entre 1968 et 1985, que les Canadiens anglais avaient rarement voté majoritairement pour les différents gouvernements libéraux de M. Trudeau durant cette période. Celui-ci réussit à s'imposer, avec les résultats que l'on sait, en grande partie grâce à l'appui massif des Québécois.

On touche ici au caractère autodestructeur de la relation entre les identités québécoise et canadienne, lorsqu'elles se trouvent trop — ou plutôt mal — enchevêtrées au sein des mêmes individus. L'idée n'est pas de condamner la traditionnelle ambivalence des Québécois, mais bien de constater que, au-delà d'une certaine limite, cette attitude se retourne implacablement contre eux.

Quand on y pense, ce n'est qu'un juste retour des choses, car l'ambivalence poussée trop loin équivaut à une abdication du pouvoir: on est incapable d'agir et d'assumer les conséquences de ses choix.

La rupture que l'on est en train de vivre dans la relation Canada-Québec obligera les Québécois à changer leur comportement à cet égard. La souveraineté, dans ce qu'elle a de positif, implique que l'on se refuse à rendre les autres responsables de ce qui nous arrive. Dans l'avenir, s'ils continuent collectivement à vouloir des choses franchement incompatibles, les Québécois ne pourront s'en prendre qu'à eux-mêmes si la situation tourne mal.

Cela dit, une certaine ambivalence va persister, qu'il ne faudra pas craindre d'utiliser de façon créatrice. Car tout changement réussi dans la relation Canada-Québec sera le résultat d'une opération délicate. Le Canada se trouvant au cœur du Québec et le Québec au cœur du Canada, une rupture mal faite présente le risque que les deux groupes se trouvent amputés l'un et l'autre d'une trop grande partie d'eux-mêmes.

L'aspect territorial

Dans le contexte géographique canadien, le Québec ne se trouve pas en périphérie comme Terre-Neuve ou la Colombie-Britannique: il reste, à de nombreux égards, le cœur du Canada.

Il suffit de jeter un coup d'œil sur une carte pour se convaincre des effets désastreux qu'aurait, pour le Canada, le départ du Québec. Les provinces de l'Atlantique seraient séparées de l'Ontario et des provinces de l'Ouest. Un Canada sans le Québec se retrouverait déséquilibré, dominé exagérément par l'Ontario.

Cette situation géographique centrale du Québec, le rôle crucial qu'il joue pour l'équilibre géopolitique canadien ne sont que l'expression physique d'une centralité historique et identitaire. Le Québec n'a rien d'une province comme les autres. À l'origine, le Canada, on l'a dit, c'était la Nouvelle-France. Jusque dans les années 1840, les ancêtres des Québécois s'appelaient les «Canadiens», alors que les ancêtres des Canadiens anglais s'appelaient, d'eux-mêmes, les «Britanniques» — *The British*.

En raison du caractère central de la province française, force est de constater qu'il n'est pas sûr que le Canada puisse survivre au départ du Québec. La période de transition, en particulier, lui serait peut-être fatale. Ce facteur constitue à la fois la force et la faiblesse du Québec. Il est sous-estimé par beaucoup de nationalistes qui ne comprennent pas vraiment la dynamique canadienne à cet égard. Leur raisonnement est le suivant: puisque tout être sensé constate que la relation Canada-Québec ne fonctionne plus, puisque le pays est fondamentalement incapable de reconnaître le Québec tel qu'il est, cessons de nous agresser mutuellement et construisons-nous un pays, chacun selon ses aspirations.

Dans le déroulement de ce processus, les nationalistes québécois sont le plus souvent dépourvus d'agressivité à l'égard des Canadiens anglais. Ils comprennent mal la réaction hostile de plusieurs d'entre eux à leur projet. Parce que la Nouvelle-France a existé pendant plus d'un siècle et demi sans son pendant anglais, l'identité québécoise a toujours eu la possibilité de s'imaginer — de façon réaliste ou non, là n'est pas la question — en dehors du Canada. En retour, les Québécois ont tout naturellement tendance à penser qu'il est tout aussi facile pour le Canada de s'imaginer sans eux.

Ce n'est évidemment pas le cas. Historiquement, l'identité canadienne-anglaise n'a jamais existé sans son pendant français. Par ailleurs, cette identité comporte traditionnellement un élément territorial important. Ce qu'on appelle en anglais le *mappism*, est depuis toujours une composante majeure de l'identité officielle canadienne. Ce n'est pas un hasard si la devise officielle du pays est: «*A mare usque ad mare.*» Il est important, pour l'identité canadienne, que le pays s'étende sur une carte de l'Atlantique au Pacifique, tout d'une traite, et d'une seule couleur.

Par conséquent, toute redéfinition de la relation entre le Canada et le Québec, dans la mesure où elle remettra en cause l'intégrité territoriale du pays, sera émotivement perçue par l'identité canadienne-anglaise comme une agression, et ce au sein même des milieux sympathiques au Québec. On doit s'attendre en retour à la disparition de cette sympathie chez la plupart d'entre eux. L'intégrité territoriale du Québec sera carrément remise en question par les éléments les plus radicaux du Canada anglais. Sur le plan de l'identité, la sécession du Québec serait un peu, pour les autres Canadiens, l'équivalent de la perte du West Island ou de l'Outaouais pour les Québécois.

Jusqu'à un certain point, on peut considérer la place importante qu'ont rapidement prise les autochtones dans l'identité canadienne-anglaise comme une manifestation moderne du *mappism*. En réaction à la menace que fait peser le Québec sur l'intégrité territoriale du pays, on est disposé à octroyer davantage de pouvoirs à des Canadiens qui, à titre de premiers habitants, ont des revendications sur l'ensemble du territoire, y compris le Québec.

L'agressivité

La Conquête de 1760 reste l'acte fondateur du Canada, ce qui est d'autant plus important que le Canada de 1867 n'est plus fonctionnel depuis l'échec de l'Accord du lac Meech. Outre le problème de l'intégrité territoriale, il faut s'attendre à des réactions négatives de la part du reste du

Canada à toute tentative du Québec d'imposer une relation qui s'écartera des principes de la Loi constitutionnelle de 1982. Souvenons-nous du débat sur Meech, dont la clause sur la société distincte fut perçue, par certains éléments du Canada anglais, comme l'équivalent d'une angoissante et inacceptable séparation du Québec.

J'ai vécu, à ce sujet, une expérience révélatrice. Lors de la sortie du *Défi québécois* en anglais, j'avais envoyé, au quotidien torontois *The Globe and Mail,* un article demandant au Canada anglais d'oublier un peu le Québec, pour se définir davantage en fonction de lui-même. Le texte, nuancé, était très respectueux de ce que je connaissais de l'identité canadienne-anglaise. Quelle ne fut pas ma stupéfaction de voir publier, sous mon nom et sans mon autorisation, un article substantiellement refait par le responsable du journal, et où l'auteur, moi en l'occurrence, sommait littéralement le Canada anglais de se définir. Par la suite, des lecteurs débattirent de leur identité dans le journal, en réaction à ce Québécois arrogant dont ils avaient tellement besoin qu'on leur en avait inventé un sur mesure. Et c'était le très sérieux *Globe and Mail...*

C'est malheureux, mais c'est comme ça: pour se donner une nouvelle identité sans le Québec, le Canada anglais a tendance, dans un premier temps, à se définir par opposition à celui-ci. Si l'on ne trouve rien à lui reprocher, on inventera des motifs d'accusation. Le procédé est déjà amorcé dans le dossier autochtone où le Québec est trop souvent injustement cloué au pilori.

Avoir à supporter des attaques injustes est toujours pénible. Ce l'est tout particulièrement quand on ne peut pas vraiment se défendre sans que cela se retourne contre soi. Mais cette situation comporte aussi un aspect bénéfique. Elle peut donner aux Québécois une plus grande assurance sur le plan de leur identité. Elle peut les endurcir. Qu'on pense au mouvement de solidarité qui s'est spontanément développé après les calomnies colportées sur le Québec aux États-Unis, dans le dossier de la baie James, en hiver 1992. Cette force plus grande arrive à point nommé. Elle peut faire la différence entre un succès ou un échec, au moment où le Québec approche de la croisée des chemins.

Dans le contexte canadien, soulignons un dernier élément majeur et porteur d'avenir, auquel nous avons fait allusion dans le chapitre précédent, quand nous avons parlé du fédéralisme asymétrique. S'il reste, à certains égards, central dans le Canada, le Québec l'est moins qu'auparavant et tout indique qu'il le sera de moins en moins.

Économiquement, le Canada fut bâti au siècle dernier à partir de Montréal, par une haute bourgeoisie commerçante anglophone. Longtemps, le pays fut contrôlé par l'axe Montréal-Toronto-Ottawa, par ce Canada central si honni dans l'Ouest et dont le Québec faisait partie intégrante. Cette géopolitique canadienne est en mutation depuis une trentaine d'années en raison, entre autres facteurs, de l'émergence du nationalisme québécois, dans les années 60, qui a fait fuir à Toronto l'essentiel du vieux pouvoir anglo-montréalais. Dans le contexte canadien, le Québec est davantage devenu une région — une région française —, alors que le Canada central se concentre de plus en plus en Ontario et en particulier à Toronto. De même, le *mappism* est en régression en tant que composante de l'identité canadienne-anglaise. Depuis 1982 surtout, celle-ci s'appuie davantage sur des éléments de nature non territoriale comme la Charte des droits et le multiculturalisme.

Cette centralité historique du Québec dans le contexte canadien, cette centralité en régression, cette marginalisation croissante ne peuvent qu'avoir des conséquences majeures sur la restructuration de la relation entre le Québec et le Canada.

Le vrai choix: l'aventure qui échoue ou l'aventure qui réussit

Des deux côtés, canadien comme québécois, le changement à assumer sera plein d'embûches. Il impliquera un certain nombre de deuils respectifs, d'abandons, de remises en question. Dans la pire des hypothèses, la rupture se retournera contre les deux parties. Il est à craindre alors que le Canada ne se dissolve irrémédiablement dans le grand tout américain et qu'il ne reste plus grand-chose du Québec.

Pourtant les Québécois n'ont pas le choix, comme on le leur dira et redira sûrement, entre le statu quo et l'aventure. Depuis l'échec de l'Accord du lac Meech, il n'est pas réaliste de leur part de compter sur le maintien du statu quo face au nouveau Canada qui prend son envol. Conclu à un moment où le nationalisme québécois était à un niveau très bas, l'Accord du lac Meech — on l'oublie trop souvent — était en partie pour le Québec un moyen de maintenir le statu quo face aux effets à long terme des réformes structurelles de 1982. C'est ainsi que, dans la foulée de la faillite de l'Accord, des Québécois âgés, traditionnellement plus attachés au Canada, en sont venus à remettre en cause leur allégeance au pays de leurs ancêtres. Moins que le désir d'un éventuel Québec souverain, leur changement exprimait le rejet d'un nouveau Canada qu'ils ne reconnaissaient plus, menaçant le Québec qu'ils avaient bien connu

De même, en décembre 1991, le mémoire du Parti libéral fédéral à la Commission Bélanger-Campeau rendait justice au Canada comme expérience historique. Malgré ses lacunes, le pays de 1867 n'aura absolument pas à rougir devant l'Histoire. Le problème est que, depuis l'échec de l'Accord du lac Meech, il n'est pas réaliste pour les Québécois de compter sur le maintien à terme de ce pays-là.

Lucidité oblige! L'échec de l'Accord du lac Meech, et plus récemment l'entente sur le Sénat triple E ont ébranlé dans leur foi canadienne les défenseurs du statu quo au Québec, ces héritiers modernes du vieux nationalisme canadien-français d'avant 1960. Mais ces événements réveillent aussi le lion qui dormait depuis 1980, le nationalisme revendicateur et souverainiste issu des années 60. D'où l'ampleur du front commun qui, par moments, traverse la presque totalité de la société québécoise.

Vu le danger incontestable de dérapage, s'il était possible de maintenir les choses dans leur état actuel, il faudrait s'en réjouir. Mais en arriver à tout prix, dans les prochains mois, à une entente constitutionnelle, glisser le problème sous le tapis pour s'occuper d'économie, fera tout sauf maintenir le statu quo. La poursuite de la dynamique actuelle provoquera l'implosion de la société québécoise à l'intérieur du Canada. Déjà, ce qui reste de l'ancienne identité canadienne-française d'avant 1960 est en train d'éclater: que l'on pense au duel fratricide Trudeau-Lévesque, à l'antagonisme francophones hors Québec/francophones québécois, très évident lors du débat sur l'Accord du lac Meech. Quel poète pleurera la tragique opposition des descendants de Riel aux noms de Mercredi et de Fontaine, aux intérêts légitimes du peuple québécois?

Mais alors que la vieille identité canadienne-française est extrêmement usée, l'identité québécoise, issue des années 60, est encore, elle, dans la fleur de l'âge. Son implosion en sera d'autant plus dévastatrice. On ne dira jamais assez à quel point l'Accord du lac Meech constituait un minimum en dessous duquel il serait suicidaire pour les Québécois de descendre.

Ces derniers ont-ils vraiment le choix, à la lumière de ce qui s'annonce? Engagée dans un angoissant processus de folklorisation et d'assimilation, incapable de maintenir son intégrité psychologique minimale, l'identité québécoise se rompra littéralement sous les coups de boutoir de l'identité et de la constitution canadiennes. Comme j'ai essayé de le démontrer dans *Le Défi québécois*, le processus est déjà engagé.

Il y a aussi l'autre volet de l'alternative: un Québec qui serait devenu indépendant, mais qui aurait été incapable de rompre en tenant compte de ce qui est au cœur de l'identité canadienne-anglaise. On assisterait vraisemblablement alors à une tentative d'irlandisation du problème: avec l'appui de certains autochtones et d'Anglo-Québécois, on essaierait de dépecer le Québec, le dépossédant de son nord, de sa «frontière» de nation américaine, de son avenir. S'épuisant dans des luttes stériles, ce Québec indépendant s'enliserait dans le folklore: ses éléments les plus dynamiques auraient de plus en plus tendance à jouer, en anglais, le grand jeu nord-américain.

Il faut donc rompre assez sans rompre trop. Reste donc la voie étroite de la sagesse: une rupture réussie qui se fasse dans le respect du voisin canadien. Une rupture qui engendrera une période difficile de transition, des deuils à faire, des coûts à payer. Seul un changement aussi fondamental permettra de construire un nouveau projet collectif québécois qui soit positif et dynamique, tout en libérant le reste du pays de l'hypothèque québécoise.

Le geste ne pourra venir que de ceux dont l'identité est avant tout québécoise. Au moment décisif, il serait irréaliste de compter sur l'appui de ceux dont l'identité est avant tout canadienne, même s'ils partagent sincèrement les aspirations québécoises et s'ils sont parfaitement conscients de la nécessité d'un changement fondamental. Au moment de rompre, ceux dont la fidélité première va au Québec seront seuls au monde.

Cet acte fondamentalement créateur, ils seront capables de l'accomplir et de la bonne façon, dans la mesure où ils accepteront qu'une partie d'eux-mêmes changera, qu'une partie d'eux-mêmes se transformera.

Nous n'en sommes pas là. Sous les beaux slogans, ce qui unit pour l'heure les Québécois, c'est la volonté de maintenir, contre vents et marées, un statu quo à jamais révolu.

Une déclaration unilatérale de souveraineté

À partir d'un consensus politique non partisan, après s'être assuré de l'appui de la population, l'Assemblée nationale devrait affirmer solennellement et unilatéralement sa pleine et entière souveraineté sur le territoire et sur les citoyens du Québec. Dans un premier temps, on utilisera cette nouvelle souveraineté pour entériner l'ordre constitutionnel canadien jusqu'à la Loi constitutionnelle de 1982 exclusivement. Cet ordre canadien restera en vigueur jusqu'à ce que l'on en décide autrement.

Ce changement sera facilité par le fait qu'il concernera au départ les modifications apportées à la constitution canadienne en 1982, qui diminuaient les pouvoirs de l'Assemblée nationale sans son assentiment et en contradiction avec ce que l'on avait dit aux Québécois pour les faire voter NON au Référendum de 1980. En vertu des principes les plus élevés de la démocratie, tels qu'exposés, entre autres, par le philosophe anglais John Locke, la Loi constitutionnelle de

1982 est illégitime au Québec[4]. Sur les plans international et canadien, le Québec invoquera cette illégitimité pour expliquer et justifier son geste.

Dans un premier temps, le but de la déclaration de souveraineté ne sera pas de faire l'indépendance, mais de commencer à construire la société distincte québécoise, dans l'esprit qui sera développé dans le chapitre qui suit: le Québec restera à l'écoute de ce que le reste du pays aura à dire à ce sujet. Souverainement, il commencera à amender graduellement sa constitution — y compris les éléments canadiens antérieurs à 1982 — pour affirmer les principes qui lui semblent essentiels au développement de sa société distincte.

Le premier élément majeur de la rupture initiale concernera l'ensemble de la Charte canadienne des droits, élément fondamental d'un nouveau nationalisme *canadian* réfractaire à toute reconnaissance d'une différence québécoise qui ne soit pas à terme folklorique. Le Québec fera en sorte que ses lois ne soient désormais soumises qu'à sa propre Charte des droits, qui fera désormais partie d'une constitution québécoise qu'il faudra adopter le plus rapidement possible après la déclaration de souveraineté. La rupture concernera aussi le mode d'amendement à la constitution issu de la Loi constitutionnelle de 1982. Le Québec ne sera désormais lié que par les modifications à la constitution canadienne auxquelles il aura donné son consentement.

---

4. Le professeur Guy Laforest de l'Université Laval a bien fait ressortir ce point dans «L'esprit de 1982», tiré de *Le Québec et la restructuration du Canada,* Balthazar, Laforest, Lemieux, Éditions du Septentrion, Québec 1991. Sur le même sujet, M. Gordon Robertson, ancien greffier du Conseil privé à Ottawa et éminent représentant du Canada anglais éclairé, admettait au début de 1992 devant une commission parlementaire québécoise que les promesses faites aux Québécois lors du référendum de 1980 n'avaient pas été respectées dans la réforme constitutionnelle de 1982.

La rupture sera faite, modifiant l'ordre constitutionnel canadien issu de 1982, sans que le Canada en ressorte nécessairement détruit. Car à moins que l'on ne l'en expulse, le Québec restera au sein du Canada comme société distincte. Nul doute que cela s'avérera un cauchemar juridique. Cependant, ce sera un acte profondément créateur sur le plan politique. Les Québécois accéderont à cette souveraineté pleine et entière à laquelle ils aspirent depuis si longtemps. On enverra un message constructif au reste du Canada, tout en n'escamotant pas la nécessaire rupture: lucidité, fermeté, ouverture.

Dans le reste du pays, le geste québécois pourra être interprété comme l'acceptation d'un Canada fondamental représenté par l'ordre constitutionnel allant jusqu'en 1982, que le Québec aura souverainement entériné. Le geste du Québec restera canadien d'esprit puisqu'il sera susceptible d'interprétations différentes, selon que l'on sera Québécois ou Canadien, souverainiste ou fédéraliste.

Cette ambiguïté ne sera peut-être pas suffisante pour maintenir le Canada. Mais, au besoin, la période de transition vers l'indépendance du Québec — de loin le moment le plus difficile — en aura été facilitée.

Une rupture juridique et politique

Ce qui précède est une simulation. Sur le plan technique, les façons de rompre peuvent être multiples, selon la conjoncture. Elles importent peu, à la condition que la rupture soit claire et que l'on entre sciemment dans l'illégalité par rapport à un secteur de l'ordre juridique canadien, de façon à fonder un nouvel ordre juridique québécois. Il importe aussi qu'il y ait maintien d'un lien avec l'ordre juridique canadien et que le geste manifeste le respect que l'on éprouve pour l'expérience historique canadienne.

En matière de pouvoir, on ne pourra parler de rupture réussie que si elle affecte le droit constitutionnel. Dans le contexte canadien, c'est l'arme du droit qui est utilisée pour maintenir le côté colonial de l'actuelle relation Québec-Canada. À ce sujet, il faut rappeler l'utilisation des droits autochtones pour empêcher le Québec d'exercer son droit à l'autodétermination.

Dans certains milieux canadiens, on est d'autant plus ouvert à des revendications territoriales qui offensent le sens commun le plus élémentaire que cela permet de neutraliser le Québec. Dans cette mesure même, les «droits autochtones» ont peu à voir avec le bon droit et la justice. De consciencieux juristes canadiens-anglais en sont venus à prétendre qu'une éventuelle accession du Québec à la souveraineté ne serait possible que dans la seule mesure où elle serait permise par l'ordre juridique britannique/canadien. Quand on y pense, cela n'a rien d'étonnant. La prise de Québec, en 1759, reste l'un des grands moments de l'histoire de l'Empire britannique que commémore encore à Londres, dans l'abbaye de Westminster, un émouvant monument en l'honneur de James Wolfe. La Conquête représentant l'acte fondateur du Canada, il est tout à fait normal que le droit canadien interdise de l'outrepasser.

Par ailleurs, le concept même de rupture est totalement étranger à la culture politique canadienne-anglaise. Les premiers Loyalistes étaient des gens dont l'identité s'est construite sur un refus de changements radicaux. C'étaient des Américains qui avaient refusé la Révolution américaine et qui avaient émigré au nord du continent, pour rester fidèles à la Couronne britannique. Contrairement aux États-Unis, le Canada n'a jamais déclaré son indépendance par rapport à l'Angleterre; il n'a jamais rompu avec l'ordre juridique britannique.

La venue, en 1982, d'Elizabeth II à Ottawa pour octroyer aux Canadiens leur constitution désormais rapatriée grâce à une loi de son Parlement de Westminster est révélatrice de la culture canadienne-anglaise. Encore aujourd'hui, sur les plans symbolique et juridique, la reine d'Angleterre est bien le chef du Canada.

Nul doute qu'à terme l'acceptation de la rupture par le Canada anglais constitue un élément important pour l'avenir du Québec. Mais soumettre le fait même de la rupture à l'approbation du reste du pays la rend par définition impossible: on ne peut demander à un pays de se renier lui-même.

À tout le moins durant la période de transition, tout en rompant avec l'ordre constitutionnel canadien, le Québec devrait maintenir un lien avec cet ordre constitutionnel, veiller à ne pas s'attaquer aux éléments de base de la vieille identité canadienne d'avant 1982. Pour assurer la réussite de cette délicate opération, il ne faudrait pas craindre d'utiliser ce qui reste de cette ambivalence créatrice qui a toujours été l'une des bases de la relation Québec-Canada dans ce qu'elle eut historiquement de fonctionnel.

Il faut cependant être conscient de ce que même une rupture modérée de ce genre suscitera des réactions agressives. On attaquera de front la nouvelle identité canadienne en processus d'élaboration depuis 1982. Celle-ci repose en partie sur une conception de plus en plus étroite de l'égalité des droits. Il n'a pas fallu attendre dix ans pour que le *charterism*, version nordique de l'idéologie des droits à l'américaine, balaie le Canada anglais.

Le credo de cette nouvelle religion civique que récitent à l'envi de plus en plus de jeunes Canadiens est que tout le monde doit avoir les mêmes droits. *«Rights are rights are rights are...*» devient la formule incantatoire qui sauvera le Canada de la destruction, comme une certaine idée mythique de l'indépendance protégera les Québécois de l'assimilation.

Il y a ici une troublante analogie à faire avec le fameux rapport Durham de 1840. Les recommandations de cet éminent aristocrate progressiste restent encore positives pour beaucoup de penseurs politiques à travers le monde: elles constituèrent une étape décisive dans l'avènement du gouvernement responsable. Le problème est que le rapport Durham préconisait, dans le même souffle, toujours au nom du principe de l'égalité des droits, rien de moins que l'assimilation des Canadiens français. Dans leur intérêt, bien sûr: Durham jugeait que c'était là la seule façon de leur donner des droits égaux aux Canadiens anglais...

Il serait suicidaire pour les Québécois de ne pas rompre clairement avec les principes sous-jacents de la Loi constitutionnelle de 1982 qui les mènent à leur perte. Il est de plus en plus évident que le nouveau nationalisme *canadian* issu de la Charte des droits est fondamentalement incapable de voir la réalité québécoise autrement que comme un groupe d'intérêt parmi cent autres. Il serait par ailleurs stupide de jeter le bébé avec l'eau du bain, en répudiant en bloc le droit public britannique et le droit constitutionnel canadien. Depuis belle lurette, depuis 1763, ces traditions juridiques sont devenues des traditions québécoises.

LE FANTÔME DU STADE

Une histoire olympique

Il est fascinant de voir jusqu'à quel point tout ce qui concerne le Stade olympique a tendance à se retrouver toujours en première page du *Journal de Montréal* ou de *La Presse.* En vérité, les hauts et les bas de ce que l'on appelle le plus souvent *le* stade, comme s'il n'y en avait pas d'autres, laissent peu de Montréalais et de Québécois indifférents. Même les Anglais lui ont inventé un surnom: *«the Big O»,* comme *big ego.*

Beaucoup se rappellent encore l'inimitable maire Jean Drapeau, au début des années 70, dévoilant, plein de fierté, sous les applaudissements enthousiastes des spectateurs, les plans de la dernière création de l'architecte français Roger Taillibert. Il serait si beau, si grand, ce stade olympique, et en même temps, si léger, prêt à s'envoler, élégant vaisseau spatial ancré au cœur de Montréal. L'univers entier le verrait à l'occasion des Jeux olympiques, dans l'est de la ville en plus. Frissons de jubilation... En un tour de main, on fut ravi, séduit, conquis.

Restait à ériger la merveille. L'échéancier était très serré, si serré que l'on réalisa, quelques mois avant la date d'ouverture des grands Jeux de 1976, que le stade ne serait jamais prêt à temps. Certaines villes concurrentes offraient même déjà l'hospitalité à un événement que l'on ne pouvait remettre: selon certaines sources, Montréal n'avait plus d'autre choix que de se désister. Allait-on perdre la face devant tous, alors que l'objet premier de l'opération était justement de se montrer au monde entier?

Un vent de panique souffla sur le Québec. En catastrophe, le gouvernement prit l'affaire en main, mettant en tutelle les organismes municipaux chargés du projet. On fit ce qu'il fallut pour que le stade soit terminé, ou presque, à temps. Bien sûr, les éléments les plus spectaculaires du complexe n'y seraient pas: l'immense toile, faisant office de toit rétractable, et le gigantesque mât avaient dû être remplacés par un toit temporaire assez quelconque. Des rumeurs coururent à propos d'ouvriers payés à taux triple à ne rien faire, ou à travailler trop vite, pas assez bien... Mais enfin, l'essentiel y était: l'honneur de Montréal, l'honneur du Québec étaient saufs.

En 1976, les Jeux olympiques se tinrent avec succès à Montréal, couronnés par l'étonnante performance gymnique de celle que l'on surnomma «la petite fée roumaine», Nadia Comaneci. La fidélité de celle-ci à sa ville olympique l'amènerait, plusieurs années plus tard, à venir s'installer dans la métropole, à la grande satisfaction des Montréalais. Bien sûr, le continent africain avait boycotté l'événement, à cause de la participation d'athlètes d'Afrique du Sud, mais, à une époque d'intense politisation des Jeux, cela était presque banal; c'était, en tout cas, sans commune mesure avec l'horrible assassinat des athlètes israéliens dans le village olympique de Munich, lors des Jeux précédents, en 1972.

On n'en parla pas trop, mais bien des Québécois furent déçus de ce stade tout juste convenable, nettement moins beau que prévu sans son mât ni son toit. On avait envie de déployer les plans devant tout l'univers et d'expliquer en cent langues: «C'est ça qui était prévu, c'est ça que cela va donner: on a eu des problèmes.» Mais on fit comme si de rien n'était, le reste de la planète semblant bien moins obsédé que nous par l'affaire.

Les Montréalais furent ravis de voir leur ville entrer dans le club très sélect des «cités olympiques». Durant deux semaines, ils éprouvèrent l'euphorisante sensation d'exister à deux cents pour cent, pendant que le monde entier vivait à l'heure de Montréal. Les Québécois, eux, furent touchés de voir l'univers les regarder en français, la première langue des Jeux de Montréal. Après le coup d'éclat du général de Gaulle, en 1967, après la bavure d'octobre 1970, les Jeux olympiques de Montréal faisaient encore une fois savoir au monde entier qu'il y a une partie du continent nord-américain où l'on parle français: le Québec.

Puis, comme toutes les fêtes, celle-ci finit par s'achever. Trois mois plus tard, on assistait à quelque chose d'encore plus euphorisant: le Parti québécois accédait au pouvoir, promettant, en attendant de réaliser son grand rêve de souveraineté, un bon gouvernement. C'est une autre histoire, qui n'est pas terminée.

Ce n'est que plus tard — quand au juste? on a préféré l'oublier — que l'on nous présenta la note: l'animal n'avait coûté pas moins de 600 millions de dollars! Six cents millions de dollars. Des dollars de 1976, bien sûr. Pour un stade! Un stade qui n'était même pas fini! On en resta bouche bée, on fut renversé: rien que pour les intérêts, Montréal paierait pendant cent ans; Montréal paierait pendant toute l'éternité. Montréal paie encore.

Après quelques hésitations, quelques dizaines de millions de dollars supplémentaires furent investis pour parachever le monstre. Au point où l'on en était... Le gouvernement du Parti québécois prit la relève des libéraux dans le dossier. Surtout, il ne fallait pas que l'affaire restât inachevée, intolérable symbole d'échec. Après d'innombrables péripéties qui se retrouvèrent invariablement en première page du *Journal de Montréal* et de *La Presse,* on parvint à installer le toit évanescent et à ériger le gigantesque mât.

Enfin terminé, le stade devint ce qui avait séduit sur papier les Montréalais et les Québécois: une émouvante splendeur. On se réconcilia vite avec lui, on l'adopta: le stade devint NOTRE stade. C'est là que jouent les Expos, que Diane Dufresne a donné son plus grand spectacle.

Mais ne voilà-t-il pas, en automne 1991, que le cauchemar recommence. À nouveau, le stade fait des siennes; à nouveau, il fait les manchettes. Il serait en train de s'effondrer sur les spectateurs!

Faut-il le fermer? Pour combien de temps? À la longue, tout cela ne laisse pas d'être déprimant. Et les Expos qui parlent, maintenant, de quitter Montréal!

Le stade: la saga continue. Un jour, Hollywood en fera sûrement un film.

La leçon du stade

Au fond, comme le disait crûment une animatrice de radio, les Québécois sentent bien que la cause des problèmes du stade, c'est qu'il est à la fois trop gros et mal construit. Mais jusqu'à quel point est-il mal construit? Et que faire? Il a coûté tellement cher, il représente quelque chose de si important: on veut désespérément qu'il tienne. En dépit de tout, qui l'échangerait contre le Skydome de Toronto?

Le stade constitue un monument où l'on retrouve beaucoup de l'aspiration québécoise à la grandeur et à la beauté. Mais c'est aussi — il est douloureux pour un Québécois de l'écrire — un éclatant, un énorme symbole d'échec collectif. Beaucoup moins que l'échec lui-même, déjà ancien, ce qu'il y a d'inquiétant, c'est que cet échec n'ait jamais été franchement reconnu. Si aucune véritable enquête n'a été menée sur un scandale d'une telle envergure, c'est qu'il s'en trouvait peu qui pouvaient s'en laver les mains. À un moment ou à un autre, tous y avaient cru.

En 1976, les Québécois réussirent péniblement à mener à bon port le vaisseau olympique. Ils consacrèrent une énergie fabuleuse à honorer les engagements qu'ils avaient contractés à l'égard d'une communauté internationale par laquelle ils voulaient être reconnus comme membres à part entière.

Mais si, pendant l'événement et aux yeux du monde entier, il était raisonnable de vouloir sauver la face, il n'était pas très sage de continuer à se mentir à soi-même, par la suite. C'est ce que l'on fit pourtant, après les grands Jeux de 1976, en se fixant comme priorité d'achever le stade envers et contre tout, selon les plans initiaux de Taillibert. Moins de quatre ans avant l'échéance référendaire de 1980, on se refusait à tirer les leçons d'un échec qui n'appartenait qu'à nous.

On ne pouvait accuser le Canada ou les Anglais de rien. Parce que les Jeux olympiques sont traditionnellement accordés non pas à un pays, mais à une ville, parce que l'affaire avait été prise en charge par le gouvernement québécois, libéral puis péquiste, les Jeux olympiques de 1976 avaient été, pour l'essentiel, un événement montréalais et québécois. Le gouvernement canadien ne se fit pas prier pour le faire savoir, quand on essaya de lui refiler une trop grande partie de la note.

La responsabilité de l'architecte Roger Taillibert, qui avait conçu l'ouvrage, était naturellement engagée. Ses con-descendantes tentatives pour se retirer de l'affaire réveillèrent chez certains Québécois le douloureux souvenir d'une France qui s'est trop souvent avérée incapable de tenir ses engage-ments à leur égard. Cela n'enlevait rien au fait que, dans le dossier olympique, c'étaient des Québécois qui étaient aux commandes: c'est un Jean Drapeau, plébiscité par les siens, qui avait choisi un Parisien comme concepteur d'un stade que nous voulions nous-mêmes «superfrançais».

Paradoxalement, le stade correspond à ce que l'on atten-dait de lui. On le voulait grand: il est monumental, à la manière des grandes merveilles de l'Antiquité. On le voulait beau: c'est une splendeur. Mais on voulait surtout que ce soit un succès québécois, témoin, à la face du monde, de notre génie à nous. Là, se situe l'échec; là, se situe la leçon à tirer pour que le Québec ait quelques chances de triompher dans le difficile combat qui s'annonce.

Peut-être faudra-t-il, dans quelques années, fermer pour de bon un stade sur le point de s'effondrer complètement. Mais peut-être, au contraire, réalisera-t-on que les problèmes du Stade olympique de Montréal avaient été objectivement moins grands que l'image, exagérée, qu'en ont donnée les médias à travers leur loupe grossissante: ils exprimaient, en fait, notre peur refoulée de l'échec.

Une chose est certaine, ce n'est pas sans raison que les Québécois continuent à être obsédés par un stade qui semble s'acharner à leur causer des problèmes. Au fond, c'est un service qu'il leur rend. Il ne les lâchera pas, coincé, là, dans leur imaginaire collectif, tant qu'ils n'auront pas été capables de comprendre la dure leçon dont il est porteur et qu'ils ont payée si cher.

La saga du stade, c'est la fable de la grenouille qui veut se faire aussi grosse que le bœuf. Le fantôme du stade est là pour nous rappeler qu'au moment où il arrive à la croisée des chemins, le Québec doit cesser ce petit jeu qui l'a mené à un échec pénible dans le passé et le conduira à des échecs encore plus importants dans l'avenir.

Contrairement au stade, l'histoire, en ce qui nous concerne, n'est pas terminée: la grenouille québécoise n'a pas encore éclaté. Mais, il est minuit moins cinq...

La vraie grandeur

Tout naturellement, le fantôme du stade nous ramène à notre légitime aspiration à la grandeur et à ce qui peut expliquer pourquoi elle aboutit quelquefois à des échecs démesurés. La période de développement la plus intensive de la Nouvelle-France correspondit au début du règne personnel de Louis XIV, en 1661. Le Canada était l'unique colonie de peuplement de la France d'alors, à son zénith et exerçant une hégémonie incontestée sur le monde occidental. Par ailleurs, il ne faut pas oublier que le phénomème national moderne a pris son envol avec la Révolution française: sur le plan historique, la France révolutionnaire de 1792 reste l'archétype même de la nation.

Sur le plan de l'identité, le Québec doit donc supporter une double frustration. D'une part, il souffre d'être très petit, lui, l'unique rejeton de la culture autrefois la plus puissante de la terre, cette Nouvelle-France qui occupait la plus grande partie du continent nord-américain, de l'embouchure du Saint-Laurent à celle du Mississippi. D'autre part, il n'a jamais pu jusqu'à présent, lui, le fils de la mère de toutes les nations, réaliser ses aspirations nationales, littéralement viscérales. Le Tadjikistan y a bien droit... Pourquoi pas nous?

Cette frustration est accentuée par le fait que les Québécois sont les descendants de Canadiens français qui eurent à supporter, pendant des générations, l'humiliation de voir régulièrement contesté leur caractère français, de même que leur façon de parler la langue de leurs ancêtres. La civilisation française correspondait à l'un des sommets de l'humanité et l'universalité des valeurs qu'elle véhiculait n'était pas compatible avec le statut de conquis.

Pendant longtemps, les Canadiens français eurent l'impression qu'ils étaient voués à n'être que des porteurs d'eau. La politique de grandeur du maire de Montréal, Jean Drapeau, lui assura le soutien indéfectible de la classe ouvrière d'une ville dont on aurait pu penser qu'elle avait des priorités plus concrètes et des besoins plus pressants. Pourtant, cette politique fut soutenue, non pas en dépit mais bien en raison de son côté mégalomane dont le rôle compensatoire était évident, et dont le stade fut l'aboutissement ultime.

L'être humain ne vit pas que de pain, surtout quand c'est de ce petit pain ranci dont on voudrait que se satisfassent les petits-fils du Roi-Soleil. Tenter de penser la politique sans tenir compte de ces aspects psychologiques et émotifs ne peut mener bien loin. C'est le cas au Québec, en cette fin de millénaire, quand on essaie de se convaincre, contre toute évidence, que la politique se réduit à l'économie.

Cette frustration des Québécois sur le plan de l'identité explique, pour une large part, le caractère non fonctionnel de leur action politique. Le Québec ne pourra gagner tant qu'il se voudra une Nouvelle-France américaine. Car cela ne correspond ni à sa réalité interne ni à sa situation géopolitique.

La France est plus importante en Europe que le Québec ne le sera jamais en Amérique. Le Québec n'est pas une France transplantée outre-Atlantique. C'est une collectivité nord-américaine de sept millions d'habitants qui parlent français à 83 p. 100, au cœur d'un continent entièrement anglophone, trente fois plus peuplé et exerçant sur le monde une hégémonie culturelle comme on n'en a plus vu depuis l'empire romain. Mais la société distincte québécoise est là, bien vivante: à la fois moderne et enracinée, américaine et québécoise, avec le français comme langue commune, l'anglais comme partie d'elle-même. L'atout exceptionnel du Québec de 1992 est d'être petit et unique, à la jonction de deux grands mondes.

Il n'en tient qu'à lui de devenir, non pas une nouvelle France, mais de nouveaux Pays-Bas, une autre Suède, un Singapour du nord. Mais, on ne retrouve ni stade olympique à Stockholm, ni Versailles à Amsterdam. Les deux millions de Chinois de Singapour n'oublient jamais qu'ils sont perdus dans un océan de deux cents millions de Malais et d'Indonésiens. Cela ne signifie pas que les Néerlandais, les Suédois ou les Singapouriens constituent de petits peuples. Cela signifie simplement qu'ils sont conscients de ne pas être nombreux. Cela veut dire que, loin de nier leurs faiblesses, ils essaient d'en tirer des forces. Sans doute ces gens-là rêvent-ils un peu moins que nous, mais ils n'en rêvent pas moins. Et surtout, ils parviennent à réaliser collectivement une grande part de leurs projets.

C'est ainsi que cette petite ville-État commerçante qu'est Singapour s'est dotée, sans tambour ni trompette, de l'aéroport le plus efficace et du port le plus actif du monde. Après avoir publié Descartes et Voltaire à l'époque où ils étaient interdits en France, les paisibles Pays-Bas s'enorgueillissent d'abriter la société la plus tolérante de la terre. Non seulement ces choses sont bonnes pour l'ego, mais elles rapportent de l'argent.

Les populations de la Suède, des Pays-Bas et de Singapour ont la chance de pouvoir se servir de l'anglais comme mode d'accès à l'universalité, sans pour autant se sentir menacées dans leur identité. Pour l'instant, ce n'est pas le cas des Québécois. Non seulement ceux-ci constituent une petite collectivité en majorité francophone sur un continent totalement anglophone mais, surtout, ils restent prisonniers d'un Canada qui les exploite systématiquement sur le plan de l'identité.

L'identité québécoise partage avec la vieille identité canadienne-française d'antan une Conquête qui n'est pas exorcisée. Le Québec n'est, constitutionnellement, qu'une des dix provinces d'un État qui ne reconnaît pas que la différence collective québécoise a des conséquences politiques. Pourtant, historiquement, le Canada n'a pas été que cela à l'égard du Québec.

Il y a tout juste vingt-cinq ans, se tenait à Montréal un autre événement d'envergure internationale: l'Exposition universelle et internationale de 1967. C'est Expo 67, ne l'oublions pas, qui donna le goût des Jeux olympiques aux Québécois. L'événement a laissé dans la mémoire de tous ceux qui y ont été associés un vibrant souvenir. À la fois vraiment canadien et vraiment québécois, vrai succès québécois et vrai succès canadien, il correspondit à une courte période magique dans l'histoire du Canada et du Québec, qui aurait pu être le prélude à un nouvel âge d'or. Les deux identités se renforçaient encore l'une l'autre. Le chaud dynamisme d'un Québec jeune et plein d'énergie apportait un complément à la force tranquille d'un Canada encore riche et généreux.

Puis, le vieil atavisme refit surface: en 1968, les Québécois et les Canadiens élisaient Pierre Elliott Trudeau Premier ministre du Canada: il expliquerait le Québec aux Canadiens anglais... Un quart de siècle plus tard, un terrible antagonisme s'est installé entre l'identité québécoise et l'identité canadienne. Mais, souvenons-nous du beau succès que fut la foire de 1967 à Montréal, quand nous viendra le goût de balancer trop brutalement le Canada par-dessus bord.

Un stade québécois de rêve

Rêvons un peu moins, rêvons un peu mieux: rêvons autrement. Essayons, l'espace d'un instant, d'imaginer ce qu'aurait pu être un stade olympique québécois idéal.

Il aurait été à la fois moins gigantesque et moins aérien: plus solide. Il serait resté impressionnant, avec une allure et un élan typiquement français. Les Français auraient pensé: «Pas mal pour des paysans!» Les Américains auraient dit: «Petit, mais élégant.» Les Anglo-Québécois s'y seraient un peu reconnus.

Nul doute que ce stade aurait coûté cher, trop cher: on n'est pas latins pour rien et on ne convie pas l'univers chez soi tous les jours. Mais ce stade n'aurait sûrement pas coûté 600 millions de dollars de 1976. Et, surtout, il aurait été terminé à temps pour les Jeux.

C'est vraiment nous que toutes les nations rassemblées auraient admirés en contemplant le stade. Bien construit, celui-ci tiendrait le coup sans problème. Depuis belle lurette, il ne ferait plus les manchettes du *Journal de Montréal* et de *La Presse*, parce que les Montréalais, parce que les Québécois seraient passés à autre chose.

Ils auraient empêché la réélection de Pierre Elliott Trudeau comme Premier ministre du Canada en automne

1979, en s'abstenant tout simplement de voter pour lui. Par la suite, juste avant le référendum sur l'indépendance qu'ils avaient menacé de tenir, ils auraient négocié avec le gouvernement conservateur de Joe Clark un arrangement constitutionnel particulièrement avantageux.

Sans ambages, le Québec s'y serait vu reconnaître un VRAI statut de société distincte au sein du Canada, avec, entre autres, des pouvoirs rien que pour lui en matière de main-d'œuvre et de communications. Il aurait également obtenu dans l'Accord la reconnaissance explicite de son droit historique de veto sur les changements à apporter à la constitution canadienne.

Cette dernière ne comporterait pas encore de Charte canadienne des droits: on serait sur le point de s'entendre sur un texte qui inclurait les droits politiques et sociaux auxquels les Québécois et les Canadiens sont également attachés. Dans le reste du monde, en Europe de l'Est, on s'intéresserait beaucoup, ces temps-ci, au modèle canadien/québécois.

Ce Québec, comme ce stade, il était parfaitement possible de les bâtir. Les Québécois possédaient les ressources nécessaires pour les financer, l'énergie pour les réaliser, la compétence et la créativité pour en faire quelque chose de fonctionnel et d'esthétique.

Cependant, ce n'est pas ce stade-là qui trône dans l'est de Montréal en 1992, ce n'est pas dans ce Québec-là que l'on vit aujourd'hui. Cela n'a rien d'étonnant, car ce n'est pas ce dont on rêvait. Pourtant, au fond, c'est ce que l'on voulait.

LA SOCIÉTÉ DISTINCTE

L'échec référendaire

Si l'on veut rompre avec les conséquences les plus perverses du Référendum de 1980 — et en particulier avec la Loi constitutionnelle de 1982 —, il faut rompre, une fois pour toutes, avec l'attitude qui a permis ce référendum. Avec beaucoup de légèreté, on a misé sur un scrutin que l'on n'avait aucune assurance de remporter, sans avoir au préalable pesé les conséquences d'un échec.

Nous devons aujourd'hui en supporter une des terribles conséquences: la systématique mise sur la défensive du Québec dans le domaine des droits de la personne. Mélangeant de façon perverse protection des droits individuels et refus du fait national québécois dans ce qu'il a de légitime, la Charte canadienne des droits va à l'encontre de tout l'esprit de la Charte de la langue française. Pire, on a fait en sorte que la société distincte québécoise existe désormais de plus en plus, «nonobstant» les droits de la personne à la canadienne.

La même dynamique commence à produire ses fruits pourris sur le plan international: on nous accuse maintenant d'opprimer les autochtones, après avoir brimé les droits fondamentaux des Anglo-Québécois. Pour l'heure, dans les deux cas, c'est pour l'essentiel faux et injuste. Le drame est que non seulement cela nous fait passer aux yeux des étrangers pour une société fascisante, mais que cela accentue les éléments régressifs, jusqu'à présent marginaux, d'un nationalisme québécois de plus en plus sur la défensive.

C'est sans doute autour du mois de mai 1980 que le nationalisme québécois, dans ce qu'il avait de dynamique, atteignit son apogée, que sa force brute fut la plus puissante. Ce n'était pas un mouvement a priori en réaction, comme c'est le cas aujourd'hui. Le Parti québécois avait prouvé la compétence d'un nouveau pouvoir francophone dans la gestion des affaires de l'État. Dans une société privilégiée à l'échelle de l'univers, à celle du continent, 40 p. 100 des Québécois — un francophone sur deux — étaient disposés à prendre un vrai risque afin que l'identité québécoise obtienne la reconnaissance politique à laquelle elle avait droit. Compte tenu du rapport de force existant entre les deux parties et du contenu canadien de l'identité québécoise, c'était énorme. L'idéal aurait été que les Québécois fussent collectivement aptes à négocier avec le reste du pays entre le 15 novembre 1976 et le 20 mai 1980, au moment où leur assurance était la plus grande.

Mais, il existait aussi une partie de l'identité québécoise qui voulait désespérément croire que cela pouvait aller plus loin. L'exercice référendaire comportait quelque chose de profondément attirant qui dispensait d'évaluer froidement les chances de succès. C'était la jouissance du droit à l'autodétermination: l'essence même de la souveraineté. Les descendants d'un peuple conquis par les armes, qui jamais ne s'étaient sentis tout à fait responsables d'eux-mêmes, se payaient pour une fois la satisfaction d'être pleinement souverains.

Avec l'assentiment du Canada anglais, Pierre Elliott Trudeau détourna de façon indigne le sens du «non» référendaire. Il reste que, pour en arriver à renverser les conséquences de ce détournement qui furent constitutionnalisées en 1982, il faut se souvenir que les Québécois ont exercé, en 1980, leur droit souverain à l'autodétermination et qu'ils ont choisi alors de rester dans le Canada.

Cette difficile remise en question, le nationalisme québécois ne l'a pas opérée. Parce qu'il essaya d'aller dans cette direction, Pierre-Marc Johnson fut chassé du Parti québécois comme hérétique, pendant que les vieux ténors de la funeste stratégie référendaire conservaient toute leur crédibilité. Il est révélateur que l'idéal d'indépendance n'ait été remis en question chez les nationalistes que tout récemment. Seulement reporté, idéalisé, mis entre parenthèses, suspendu, dépolitisé...

Le souverainisme en paroles

Cet idéal indépendantiste a dégénéré en un nouveau phénomène politique que l'on pourrait qualifier de souverainisme en paroles. Loin d'être stimulant ou libérateur, le souverainisme en paroles est susceptible de mener à tout, sauf à la souveraineté effective. S'en réclament un nombre d'autant plus grand de personnes que cela donne aisément bonne presse et bonne conscience, sans qu'il n'en résulte aucune obligation en retour. C'est ainsi que la très souverainiste Confédération des syndicats nationaux ne craindra pas d'invoquer la Charte canadienne des droits pour faire annuler les lois du gouvernement du Québec qui ne font pas son affaire. Des centres régionaux de développement, eux, réclameront avec la même conviction, un jour, la totale prise en charge du développement régional par le gouvernement du Québec, le lendemain, l'augmentation des subventions fédérales dans le domaine.

Comment pourrait mener à la souveraineté du Québec un souverainisme qui ne craint pas d'invoquer l'ordre constitutionnel canadien pour empêcher l'exercice effectif par le Québec des pouvoirs qu'il détient déjà? Comment ce genre de souverainisme pourrait-il mener le Québec à l'indépendance, s'il n'arrive même pas à assumer la rupture minimale qui s'impose par rapport à l'ordre canadien existant?

Un certain discours souverainiste vide peu à peu la souveraineté de son contenu difficile et nécessaire. Ce déguisement peu convaincant de notre impuissance collective compense de plus en plus imparfaitement des frustrations croissantes, à mesure que s'accentue l'intégration du Québec dans un Canada qui ne le reconnaît pas pour ce qu'il est. Cela dispense de se remettre en question et de changer, dans l'espoir fou que le grand soir libérateur arrivera, qui réglera tout cela d'un coup de baguette magique.

Pourtant, le problème des Québécois tient au moins autant à la façon dont ils excercent le pouvoir dont ils disposent, qu'au fait qu'ils ne possèdent pas tous les pouvoirs dont ils ont besoin. Plus que de rêver d'une souveraineté mythique qui ne réglerait rien, les Québécois devraient exercer *de façon souveraine* le pouvoir incontestable généré par leur dynamisme. Ce pouvoir, il ne faut pas le confondre avec celui, plus limité, que leur reconnaît le système politique canadien.

Comme nous le verrons plus loin, cela implique que les Québécois soient davantage capables d'exercer leur pouvoir sous le regard parfois désapprobateur de cet Anglais qui fait partie d'eux-mêmes depuis 1763, renonçant à l'aspect objectivement «séparatiste» de l'idéal souverainiste issu des années

60. Même si le Québec devient un jour indépendant, l'Anglais restera là, legs de la Conquête sur lequel il est impossible de revenir.

Le but du Québec ne devrait pas être d'accéder à l'indépendance, un concept aux conséquences de plus en plus limitées même pour des pays de la taille de la France ou de la Grande-Bretagne. L'indépendance pourrait se retourner en défaite québécoise, dans la mesure où elle entraînerait la dissolution du Canada anglais dans le melting-pot américain. Cela dit, peut-être que l'américanisation du reste du pays a déjà atteint un point de non-retour et que le Québec est sur le point de perdre son interlocuteur privilégié sur le continent nord-américain.

C'est la vitalité plus ou moins grande du Canada anglais qui décidera si le Québec doit aller jusqu'à l'indépendance formelle. Le véritable défi québécois, c'est de dépasser la Conquête et d'accéder à l'universel.

L'héritage de Meech

Au lieu de construire à partir d'un souverainisme en paroles, au lieu de bâtir sur du sable, il faut travailler davantage à partir de ce que nous sommes réellement. Tout d'abord, il faudrait s'habituer à utiliser les pouvoirs dont on dispose sous le regard de cet Anglais qui fait partie de nous, sans s'incliner devant lui, mais sans le nier non plus. Ensuite, il conviendrait de s'approprier sans s'excuser les pouvoirs nécessaires pour bâtir la société distincte québécoise de demain, que le reste du Canada la reconnaisse ou non, le veuille ou non.

Comme il est dit plus haut, je souhaiterais pour ma part que l'Assemblée nationale se déclare pleinement souveraine pour bâtir, non pas un Québec indépendant, mais bien la société distincte québécoise. À partir de là, on pourrait pousser la société distincte le plus loin qu'il sera possible de le faire de façon réaliste, sans exclure l'indépendance, mais sans en faire un absolu non plus.

La souveraineté des péquistes alliée à la société distincte des libéraux. Cela pourrait être le début d'un nouveau consensus sur un projet national québécois adapté à l'an 2000. Il s'agirait d'un complément naturel quant à la substance au consensus sur la forme dégagé en 1991, lorsque la Commission Bélanger-Campeau détermina la marche à suivre pour renégocier la relation avec le reste du Canada. Après le contenant, le contenu; après la forme, la substance.

Que les Québécois constituent au moins une société distincte a fait l'objet d'un consensus exceptionnellement large à l'occasion du débat sur l'Accord du lac Meech. Cela allait de Gilles Vigneault à Jeanne Sauvé. Dans une société aussi divisée que la nôtre, un concept politique qui permet de ratisser aussi large comporte quelque chose d'irremplaçable. Concrètement, les Québécois peuvent envisager de réaliser plusieurs de leurs rêves s'ils se basent sur une réalité solide comme le béton, dont le caractère minimal fait paradoxalement la force. Alors que des appellations comme «nation», ou même «peuple», suscitent des réserves chez certains Québécois, il faut être de mauvaise foi pour nier que les Québécois constituent à tout le moins une société distincte.

Au départ, la société distincte telle qu'elle apparaît dans Meech, possède un contenu extrêmement minimal: une majorité française, une minorité anglaise, des liens avec le reste du Canada. Pour le reste, le concept se définit avant tout par sa frontière (une société *distincte*). Éminemment politique, il est institutionnel et global.

C'est heureux. Car les recherches sur les identités collectives montrent bien qu'au-delà d'un contenu qui peut changer considérablement, ce qui importe avant tout, pour le progrès de cette identité nationale, c'est le maintien d'une frontière[1]. Or, si le contenu de la société distincte reste, pour l'instant, minimal, il est clair que la frontière existe, elle. C'est le Québec — et non les francophones, les autochtones, le Manitoba ou Terre-Neuve — qui constitue une société distincte.

Utilisée, développée, enrichie, cette notion sèche et froide sera davantage porteuse de pouvoir politique pour le Québec que les appellations plus émotivement valorisantes de «peuple» ou de «nation», non seulement dans le contexte canadien mais aussi sur le plan international. Loin d'être un problème, le fait que la société distincte fut au départ dépourvue de contenu constitua pour le Québec une chance, car cela faisait ressortir le caractère essentiellement politique d'un concept que l'on veut souvent réduire à ses aspects culturels. Positive, toute neuve, la société distincte a l'avenir devant elle, potentiellement riche de toute la dense réalité québécoise.

Il est révélateur que les autochtones canadiens, auxquels personne ne nie l'appellation de «nations», n'auront point de cesse qu'ils auront été reconnus comme constituant des sociétés distinctes. C'est qu'instinctivement ils sentent bien que la société distincte a l'avenir pour elle, forte du pouvoir politique que les Québécois y ont investi dans le débat sur l'Accord du lac Meech.

Sur leur territoire, les Québécois ont intérêt à se percevoir comme une société ne se définissant pas en fonction de son contenu, fût-ce la langue française. Dans le cadre d'une société distincte où les francophones constituent plus de

---

1. Voir *Le Défi québécois*, p. 111-115.

80 p. 100 de la population, il est possible de reconnaître la composante historique anglaise du Québec, sans verser dans le bilinguisme institutionnel.

La société distincte, les Québécois sont clairement tentés de se l'approprier, ne serait-ce que pour ironiser à son sujet. Pas de doute que, s'ils en veulent, elle leur appartient, que pour l'heure elle n'appartient qu'à eux, arrachée de haute lutte dans la dure bataille de Meech. De la même façon, l'idée toute nouvelle de la nation appartenait tout entière à la France révolutionnaire de l'an I, quand elle gagnait sa première bataille de Valmy, en 1792.

Sous prétexte que le Québec n'a pas été reconnu comme société distincte par l'ordre constitutionnel canadien, que celui-ci veut maintenant réduire cette notion à ses aspects culturels, que, sur le plan sociologique, les sociétés distinctes abondent, renoncer à un statut politique dans lequel on a tant investi et qui nous rallie, serait tout le contraire de la souveraineté.

Ce serait faire acte de soumission envers un nouvel ordre constitutionnel canadien qui nie que notre différence collective a des conséquences politiques. Ce serait renoncer à notre avenir.

Le potentiel international

Le côté novateur de la société distincte, sur le plan international, c'est qu'elle permet l'expression politique du phénomène national dans ce qu'il a d'irréductible et de positif, tout en le dépouillant des éléments ethniques et émotifs susceptibles d'empêcher des relations fécondes avec les nations environnantes: il est plus facile d'en venir aux mains pour une nation que pour une société distincte.

Dans un contexte de plus grande intégration économique de l'ensemble des nations, dans un contexte de mondialisation, certains indices permettent d'escompter que, dans le monde développé en particulier, la société distincte sera promise à un bel avenir. Dans un nombre croissant de cas, elle serait appelée à se substituer à la nation, de la même façon que celle-ci a remplacé l'État monarchique, il y a deux cents ans.

Tout en se gardant bien de se tromper de guerre ou d'époque, il faut regarder en avant, essayer de voir loin. Nécessité est mère d'invention. Sa situation géopolitique difficile amène tout naturellement le Québec à être exceptionnellement créateur sur le plan politique. En cette fin de millénaire où tout bascule, il peut devenir un fascinant laboratoire d'où émergera un nouveau concept politique dont l'application tendra à se généraliser dans ces régions où diverses identités nationales sont enchevêtrées ou appelées à le devenir.

Dans cette optique, la société distincte, loin de constituer une régression par rapport à l'État-nation, peut devenir une exceptionnelle percée vers l'avenir. Le Québec peut être la première des sociétés distinctes, dans un monde où celles-ci auront davantage d'avenir que bien des nations traditionnelles. La société distincte deviendrait l'une des formes politiques avancées de la nation, à l'aube de l'an 2000.

Dans une perspective historique et mondiale, une querelle entre des Français et des Anglais au nord de l'Amérique renferme des éléments évidents de modernité. C'est au Québec que se vit, dans l'environnement politique le plus évolué, le problème auquel seront invariablement confrontés tous les peuples de la terre: la périlleuse rencontre entre les incontournables enracinements identitaires et l'inévitable intégration politique et économique.

Que le fait national québécois fasse émergence aujourd'hui, de concert avec une infinité d'autres phénomènes analogues sur la planète, ne tient pas du hasard. Cela est intimement lié au grand mouvement de la mondialisation. Les communications sont de plus en plus faciles, les échanges partout se multiplent. En raison de facteurs économiques et technologiques, la distance entre les différentes identités nationales diminue. Les risques de heurts augmentent donc, dans la mesure où l'on a davantage de chance de se quereller avec une société voisine qu'avec un peuple éloigné.

C'est parce qu'il y a davantage de relations entre les Québécois et les autres Canadiens, parce que la société canadienne se resserre et se structure davantage que la non-reconnaissance de la différence québécoise cause plus de problèmes qu'auparavant. Cette non-reconnaissance remonte à plus de deux cents ans: elle n'a rien de nouveau. Cependant, il en découle des inconvénients qui n'existaient pas en 1900, ou même en 1950, quand la distance entre le Québec et le Canada anglais était plus grande et les relations entre leurs citoyens moins fréquentes.

Le fiasco yougoslave permet de douter de l'existence, ailleurs, d'un modèle applicable aux situations de plus en plus nombreuses où les identités nationales s'interpénètrent. Il n'y a pas vraiment d'exemple étranger dont on puisse s'inspirer. Pour le meilleur ou pour le pire, le Québec est seul, face à son destin. Mais l'envers de cette angoissante solitude, c'est que les Québécois sont en avance: les premiers, ils pénètrent en territoire nouveau. Voilà que s'offre à eux une chance unique de laisser leur marque en accédant à cette universalité à laquelle ils aspirent tant.

Dans ce domaine, on se réfère toujours à l'exemple européen. Mais même un projet national aussi éloigné que le projet indonésien présente certaines analogies. En généralisant l'usage de la langue malaise, sous le nom de «Bahasa Indonesia», Djakarta entend bien constituer en vraie nation deux cents millions de personnes divisées par les langues, les religions et les coutumes, un ensemble de peuples éparpillés sur dix mille îles. Pour l'instant, si l'on excepte les rebelles de Timor et de la Nouvelle-Guinée occidentale, tout semble fonctionner pour le mieux. Pourtant, avec l'inéluctable expansion de la démocratie et le développement des médias en langue locale, en particulier de la télévision, les paisibles Minangkabaus de Sumatra, les Sassaks de Lombok et les Dayaks de Bornéo approchent sans aucun doute de leur moment de cristallisation nationale. Pour empêcher l'explosion tous azimuts, le système politique indonésien sera bien content de disposer d'un concept politique comme celui de société distincte.

À moins, bien sûr, que Djakarta ne se cabre. On peut compter sur certains idéologues canadiens pour lui donner, là-dessus, des leçons de myopie politique.

Le facteur américain

Répondant à l'appel de Pierre Elliott Trudeau, certains idéologues canadiens-anglais essayèrent de justifier le rejet de l'Accord du lac Meech, cette occasion en or offerte au Canada d'intégrer enfin le phénomème national québécois à peu de frais. Ce n'était pas conforme, prétendirent-ils, aux principes du fédéralisme. Cela remettait en cause, selon eux, rien de moins que les assises de la démocratie libérale.

Sous l'influence américaine, certains penseurs canadiens-anglais entendent réduire la riche tradition occidentale du libéralisme politique à un système formel et légaliste, dont l'idéalisme n'a d'égale que la stérilité. On doit malheureusement s'attendre à ce que le dogmatisme de ces nouveaux idéologues s'accentue à la suite de l'effondrement du marxisme, le grand concurrent historique du libéralisme politique, version américaine. Dans un bel élan triomphaliste, cette version américaine du libéralisme a tout naturellement tendance à s'approprier l'ensemble de la tradition libérale occidentale. Elle essaie déjà de réduire cette tradition à la promotion des droits individuels partout dans le monde, se refusant à reconnaître les incontournables effets politiques des phénomènes nationaux. C'est la recette idéale pour provoquer catastrophe sur catastrophe, sous couvert de grands principes et de bons sentiments.

Dans cette version américaine du libéralisme, les faits nationaux deviennent tous plus ou moins analogues à ces phénomènes ethniques qui ont si profondément marqué l'expérience américaine. On considère ces faits nationaux engagés dans un processus de modernisation par rapport à *une* norme qui s'imposera inéluctablement à l'ensemble de l'univers, une norme évidemment américaine... Et ce, juste au moment où les États-Unis sont devenus sur plusieurs plans une nation traditionnelle. On se trouve ici devant la plus récente manifestation d'une réalité vieille comme le monde: l'impérialisme. Dans un univers où la domination des valeurs américaines n'a jamais été aussi grande, le danger existe que l'on applique une idéologie libérale sans nuances, vidée de son contenu identitaire, aux différents phénonèmes nationaux. Le risque est tout particulièrement grand pour le fait national québécois, assis sur les marches mêmes de l'empire américain.

Comme l'a bien montré l'échec de l'Accord du lac Meech, comme le démontrait plus récemment la ronde Canada des discussions constitutionnelles, le combat de la société distincte n'est pas gagné au Canada. L'avenir du concept y dépendra de la façon dont les Québécois seront ou non capables de l'imposer, à la faveur de la crise qui s'annonce. Pourquoi ne serait-ce pas leur tâche historique à eux, la partition qu'ils ont à jouer dans le concert des nations? Surtout qu'il existe des raisons d'être confiant quant à l'issue de l'affaire.

L'une des forces de la société distincte est son caractère modéré, qui fait appel au bon sens. Il est difficile de taxer de fanatiques ceux qui sont prêts à renoncer au statut de nation pour être reconnus comme membres d'une société distincte. Lors de l'échec de l'Accord du lac Meech, il était rafraîchissant de lire, pour une fois, dans les grands magazines américains, que la partie déraisonnable, c'était le Canada anglais et non pas le Québec. Par ailleurs, des penseurs réputés dans le monde anglo-saxon défendent, sur la relation entre le libéralisme politique et les faits nationaux, des idées plus nuancées que celles dont nous avons parlé plus haut.

Le concept de société distincte permet le maintien d'une relation privilégiée avec le reste du Canada, en ce sens qu'il permet au Québec de pouvoir plus facilement reconnaître son côté anglais, son côté canadien. Cela apparaît d'autant plus important que, à beaucoup d'égards, le Canada anglais reste l'allié privilégié du Québec dans le contexte nord-américain, dans la mesure où l'on sera capable de changer la relation actuelle, basée sur la Conquête. Il y a beaucoup de Canadiens anglais qui se sont courageusement battus pour une vraie reconnaissance de la différence québécoise au sein du Canada, au cours du débat sur l'Accord du lac Meech.

En essayant de réduire la société distincte québécoise à ses éléments culturels, en tentant de la limiter aux francophones, de la dépolitiser et de la folkloriser au maximum, le système politique canadien ne rend service à personne. Reconnaissons-lui, tout de même, un embryon d'acceptation, si limité soit-il, du concept de société distincte. C'est le fruit des efforts du Québec depuis cinq ans; cela ne saurait manquer d'être utile pour l'avenir.

Cela dit, il reste clair que les Québécois doivent imposer leur société distincte: le reste du pays ne la reconnaîtra jamais vraiment de lui-même. De toute façon, cela s'avérerait une dangereuse abdication de pouvoir que de tout miser sur une telle reconnaissance.

La société distincte québécoise n'existe pas parce que le reste du Canada la reconnaît. Elle existe, et surtout elle existera, dans la mesure où les Québécois la voudront et l'imposeront.

* * *

Fait crucial enfin, le concept de société distincte reste compatible avec l'accession du Québec à la pleine souveraineté sur le plan international. Une société peut devenir à ce point distincte que l'indépendance en vient tout naturellement à s'imposer pour elle. À tout le moins, elle éprouvera vite le besoin de nouer des relations avec ces autres sociétés distinctes qui feront sans doute leur apparition à travers le monde.

Car si les Québécois s'avèrent incapables de gagner la bataille de la société distincte, il est probable que d'autres peuples prendront la relève, réussissant là où ils auront échoué. Une chose est certaine, c'est que ce ne seront pas des sociétés-distinctes-bidons du type de celles que s'acharnent à découvrir ces Canadiens qui veulent à tout prix prolonger la Conquête.

C'est peut-être par le moyen de la société distincte que le Québec accédera à l'indépendance. Paradoxalement, celle-ci ne nous serait alors rendue qu'une fois nous y aurions renoncé.

LES ANGLO-QUÉBÉCOIS

Une vision québécoise

Lorsqu'au début de l'année 1991 fut publié *A Different Vision: The English in Quebec in the 1990s*[1] de Reed Scowen, le livre me sembla tout de suite important, à en juger par les comptes rendus de la presse anglophone mais aussi par instinct. L'auteur, qui fit jusqu'à tout récemment partie de la haute direction d'Alliance-Québec, fut un temps délégué général du Québec à Londres, après avoir siégé comme député libéral à l'Assemblée nationale. Il essayait, semblait-il, de présenter à ses compatriotes anglo-québécois une nouvelle vision de ce que c'est que d'être «Anglais» au Québec, à la fin de ce millénaire.

Les réactions passablement froides de la plupart des collègues auxquels je parlai de ce livre, au secrétariat de la Commission Bélanger-Campeau, de même que les critiques de la presse francophone, tempérèrent de beaucoup mon enthousiasme. Pourquoi prendre connaissance d'un ouvrage où l'on

---

1. Maxwell Macmillan Canada, Don Mills, 1991.

conseillait aux Anglo-Québécois rien de moins que de parler anglais le plus possible au Québec, en insistant entre autres pour être servis dans cette langue dans les établissements commerciaux? L'arrogance anglo-saxonne n'avait-elle pas de limites? Quelle déception que quelqu'un comme Reed Scowen, bilingue et au fait de la réalité québécoise, puisse défendre ce genre de position!

Ce n'est qu'en automne 1991, au moment de la rédaction de ce livre, que je me procurai finalement le volume. Je le fis sans illusion, presque par acquit de conscience. Il fallait du moins savoir ce que pensaient de tout ça les «Anglais», selon le terme utilisé par Scowen, de préférence à celui d'anglophone. Je terminai ma lecture furieux contre ces superficielles critiques qui avaient bien failli me faire rater quelque chose d'important.

Le livre, plein de cet humour pince-sans-rire caractéristique des Anglo-Québécois, se lit bien. Scowen réussit à exposer une vision stimulante et positive de la situation des Anglo-Québécois au Québec. Certes, les phrases qui avaient tant frappé les critiques francophones y sont, ainsi que d'autres. Mais au sortir de la lecture d'un ouvrage qui aurait dû en principe me hérisser, je me suis surpris au contraire à être plus optimiste et plus confiant pour l'avenir du Québec. C'est un ouvrage que gagneraient à lire le plus grand nombre possible de Québécois francophones, à condition que les plus sensibles d'entre les nationalistes avalent, au préalable, un calmant.

Dans ce livre qui s'adresse avant tout aux Anglo-Québécois, ce qui frappe, plus encore qu'une vision différant sous certains aspects majeurs de la vision francophone, plus même que certaines convergences entre ces deux visions, c'est que Scowen se situe essentiellement sur un plan québécois. À plusieurs reprises, il ne craint pas de rappeler avec insistance à ses lecteurs qu'ils vivent dans une province à 83 p. 100 francophone. Par la bande, il reproche d'ailleurs aux francophones leur difficulté à s'assumer en tant que groupe majoritaire.

Coexistent à Montréal une communauté anglophone, se sentant en régression et plus consciente qu'auparavant de son statut minoritaire au Québec, et une communauté francophone très sensibilisée à sa situation de minoritaire sur le continent et également convaincue d'être en régression. Deux mentalités minoritaires, deux insécurités s'affrontent, ce qui ne laisse pas d'être inquiétant pour l'avenir si rien ne change. Non sans humour, Scowen conclut que, s'il fallait en croire les arguments les plus alarmistes des deux parties, il n'y aurait carrément plus de minorité anglophone au Québec dans quelques années, tous les Québécois qui resteraient parlant évidemment anglais...

Habitué à se voir comme minoritaire, assiégé et faible dans le contexte nord-américain, un Québécois francophone se sent conforté et fortifié par cette vision anglophone qui ne perd jamais de vue qu'au Québec les francophones sont massivement majoritaires: 83 p. 100 de la population, comparé à une communauté de langue maternelle anglaise en régression, comprenant 10,4 p. 100 de la population de la province (12,3 p. 100, si l'on tient compte de la langue parlée à la maison).

Pour le meilleur et pour le pire, une partie des anglophones du Québec ne se considèrent plus seulement comme des Canadiens vivant au Québec. Sur le plan de l'identité, ils sont aussi devenus des Québécois, liés au destin de la Belle Province, quel qu'il soit. Plus qu'auparavant, ces Anglo-Québécois ont conscience d'être minoritaires. En réaction au regard que les francophones portent sur eux depuis trente ans, ils constituent, jusqu'à un certain point, une véritable communauté, ce qu'ils n'avaient jamais vraiment été auparavant. C'est ainsi qu'ils ont adopté certaines caractéristiques de la majorité française, en particulier le concept des droits collectifs. À plusieurs reprises, Scowen invite les Anglo-Québécois à prendre exemple sur la majorité francophone quant aux moyens de s'affirmer.

Notons que ce constant rappel aux Anglo-Québécois de leur condition de minoritaires ne leur vient pas d'un jeune idéaliste francophile fraîchement arrivé de Moose Jaw, mais bien d'un représentant de la communauté anglo-québécoise dans ce qu'elle a de plus enraciné et de plus patricien. Anglo-Québécois de souche, Scowen est originaire de ces Cantons de l'Est colonisés à l'origine par les Loyalistes qui y ont laissé leurs traces, la plus connue étant l'Université Bishop, à Lennoxville. Entre ces *Townships* et le Montréal anglophone, en passant par Québec et Londres, Scowen est un homme qui a réussi. Il pourrait faire sa vie ailleurs que dans ce Québec où il est né et où il entend bien rester.

Une vision différente

Il ne faudrait pas en conclure que la vision proposée par Scowen est en tout point acceptable pour les Québécois francophones. Sur certains points majeurs, elle ne l'est franchement pas. Mais elle n'a pas à l'être, dans la mesure même où l'on croit qu'il reste une place au Québec pour des anglophones, de même que pour une vision des choses qui leur soit propre. Force est de constater qu'en dépit d'une belle rhétorique qui n'engage pas à grand-chose, cela ne va pas de soi pour un grand nombre de Québécois.

Sans remettre en cause le droit des anglophones de vivre au Québec, beaucoup de Québécois n'en préféreraient pas moins une province entièrement française, un Québec où il y aurait le moins d'anglophones possible, un Québec où l'anglais serait le moins visible possible. Les dispositions de la loi 101 sur l'affichage unilingue français rendent compte de ce désir viscéral d'un Québec entièrement français, qui n'aurait pas connu la Conquête. Ne suis-je pas le premier à éprouver, parfois, comme un sentiment spontané d'irritation quand, dînant tranquillement avec des amis dans un restaurant, j'entends tout à coup parler anglais, trop fort me semble-t-il, à la table voisine?

Les Anglo-Québécois ne sont pas insensibles à cette réalité. Pour un grand nombre d'entre eux, le problème ne concerne plus vraiment des restrictions à l'usage de l'anglais que plusieurs en sont venus à considérer comme regrettables, mais inévitables. Ce qui inquiète davantage ces anglophones, c'est qu'il ne semble y avoir aucune limite à l'expansion que doit prendre le français, avec l'appui du gouvernement québécois.

Quel est le point d'équilibre désirable entre la majorité francophone et la minorité anglophone? Quand tous les immigrants s'intégreront entièrement à la majorité francophone? Quand certains de ces immigrants ne parleront plus l'anglais dans les cours d'école? Quand les anglophones seront tombés sous la barre des 10 p. 100, des 8 p. 100? Quand le Québec sera à 100 p. 100 français?

Il est clair que des Anglais vivent au Québec et que l'on y parle leur langue. On peut le regretter, comme on peut déplorer que la Nouvelle-France ait été conquise par l'Angleterre en 1759: c'est ainsi. Par ailleurs, parce que l'on vit sur le continent nord-américain, parce que l'anglais est la *lingua franca* de ce temps, la communauté anglo-québécoise est fondamentalement non assimilable. Là encore, on peut le regretter, mais on n'y peut rien. Lutter contre cette implacable réalité, c'est gaspiller ses énergies dans un combat perdu d'avance. Par contre, dans un contexte nord-américain où les francophones sont engagés dans un angoissant processus d'assimilation, la présence d'anglophones au Québec peut jouer en leur faveur. Pour illustrer cela, reprenons la comparaison utilisée ironiquement par Scowen de l'anglais perçu comme un virus dangereux, qui tuerait le français par simple contact. L'analogie n'est pas si farfelue qu'elle n'y paraît au premier abord, dans le cadre d'une relation profondément inégalitaire où l'anglais domine sur à peu près tous les plans.

Si, dans le contexte nord-américain ou canadien, l'anglais peut être considéré comme un dangereux virus, dans le contexte québécois, il peut devenir un précieux vaccin stoppant plutôt qu'accentuant le processus d'assimilation. Car qu'est-ce que se faire vacciner? C'est se faire inoculer une forme bénigne du virus, dans un environnement protégé, afin que l'organisme développe des anticorps.

C'est une des raisons pour lesquelles le concept de société distincte, en plus du potentiel international dont nous avons parlé, est important sur le plan interne pour le Québec. En empêchant une identification exclusive de ce dernier au français, en permettant de reconnaître que le Québec comporte aussi un élément constitutif anglais, cela permet aux Québécois d'élaborer une nouvelle relation avec leur bête noire, «l'Anglais conquérant», et ce, fait capital qui ultimement fera toute la différence, dans un cadre politique et sur un territoire où les francophones sont massivement majoritaires. Indépendamment des droits individuels des Anglo-Québécois, le

Québec doit donc reconnaître plus franchement son côté anglais.

En 1992, les Québécois n'ont pas intérêt à se considérer comme une société exclusivement définie en fonction de la langue française. Entre autres raisons parce que cela pousserait inexorablement hors du Québec, sur le plan psychologique sinon sur le plan physique, la plupart des Québécois anglophones qui ne sont pas assimilables. Dès lors, ceux-ci s'identifieront exclusivement comme Canadiens. L'identité québécoise devra se mesurer de plus en plus à un fait anglais extérieur à elle-même, là où il est le plus puissant: dans le contexte canadien et nord-américain.

En d'autres termes, si pour les francophones, le leader du Parti égalité, M. Robert Libman, représente l'Anglais dans ce qu'il a de négatif, s'il tient des propos beaucoup plus radicaux que ceux de M. Scowen, il n'en agit pas moins dans un cadre québécois. Il siège à une Assemblée nationale où les règles du jeu sont déterminées par la majorité francophone. Avec le temps, cela ne saurait manquer d'avoir des conséquences sur sa pensée, compte tenu du caractère structurant de tout cadre politique sur les individus qui évoluent en son sein. En dépit de ses déclarations quelquefois outrageantes pour la sensibilité francophone, même quelqu'un comme Libman incarne l'intégration plus grande des Anglo-Québécois au Québec. Il y a trente ans, c'est à Ottawa, à la Chambre des communes, qu'il aurait siégé.

Un difficile apprivoisement

Dans l'hypothèse la plus optimiste, tout indique que l'établissement d'une nouvelle relation avec les anglophones du Québec ne se fera pas sans douleur. Quand on se fait vacciner, on a la fièvre; parfois, on peut même devenir très malade. S'ils ne veulent pas se faire manger tout rond par les «Anglais», les francophones devront modifier leur attitude vis-à-vis d'eux, en adoptant un comportement de majoritaires auquel ils ne sont pas véritablement habitués. Sur le plan individuel, ils devront renforcer leur identité de Québécois.

Actuellement, pour caricaturer un peu, ou l'on refuse de voir l'Anglais, ou l'on s'écrase devant lui, deux attitudes qui constituent les deux pendants d'une même relation déficiente. Qui n'a pas connu de ces Québécois ultranationalistes qui s'empressaient de passer à la langue de Shakespeare dès qu'un anglophone, souvent bilingue, pointait son nez? Le sentiment de crainte, voire d'humiliation que beaucoup de Québécois éprouvent à la perspective de voir à nouveau de l'anglais dans l'affichage n'est pas étranger à ce contexte. On craint de revenir aux honteux «Steamed Hots Dogs steamés» de 1959, à un Québec canadien-français bâtard et vaincu.

Ce n'est pas sans raison que les Québécois sont aujourd'hui réticents à reconnaître franchement le côté anglais du Québec: ils n'ont pas vraiment confiance en eux-mêmes. Si cette crainte peut se comprendre, force est de constater que, pour l'essentiel, elle n'est pas fondée. Sur le territoire du Québec, les Québécois sont désormais les maîtres, héritage de la Révolution tranquille. Sur ce point, on ne reviendra pas en arrière. En se frottant davantage à l'Anglais, les francophones s'endurciront sur les plans individuel et collectif. Ils deviendront un peu plus anglais eux-mêmes, un peu plus *rough*. Cela ne manquera pas d'être utile pour l'avenir. Car au Québec, il existe un côté un peu trop gentil qui est l'envers d'un côté exagérément conquis, neutralisé, soumis.

C'était l'une des conclusions d'un sondage sur la société distincte québécoise, publié en janvier 1991, dans le magazine *L'Actualité*: l'existence au sein de cette société d'un côté fondamentalement doux et tolérant, à la limite pas très batailleur. De fait, s'il y a des bavures des deux côtés, il reste frappant de constater qu'en cas de confrontation entre anglophones et francophones, ce sont le plus souvent les premiers qui, spontanément, sont agressifs. De machos supporters ontariens du hockeyeur Lindros ne craindront pas de venir provoquer les partisans des Nordiques, en plein Colisée de Québec. La situation inverse — des Québécois narguant les partisans des Leafs au Gardens de Toronto — est difficilement imaginable.

On l'a dit, les Québécois éprouvent de la difficulté à exercer le pouvoir qui est le leur sous le regard désapprobateur de l'Anglais. Cela est plus vrai que jamais, dans la mesure où s'accentue l'intégration du Québec dans un Canada qui ne reconnaît pas sa différence et où se multiplient les relations entre anglophones et francophones. Ces derniers sont très sensibles au regard de l'«Anglais» sur eux, exagérément sensibles même, il faut le dire. Il est fascinant de constater à quel point les francophones peuvent se sentir facilement humiliés, blessés ou perturbés par les jugements désobligeants des anglophones à leur endroit, comme s'ils étaient convaincus que ceux-ci détenaient encore le pouvoir ultime sur eux. Le problème, c'est qu'en dépensant trop d'énergie à se défendre des attaques imaginaires ou réelles des anglophones, on les valorise artificiellement, et on transfère sur eux une partie du pouvoir qui est le nôtre.

Sous les fiers slogans nationalistes, le processus de maturation de l'identité québécoise enclenché lors de la Révolution tranquille n'est pas terminé. Encore trop souvent, les Québécois se comportent chez eux comme s'ils étaient minoritaires. Avides d'un interlocuteur, ils n'arrivent pas toujours à assumer la solitude inhérente à tout exercice du pouvoir; ils recherchent de façon exagérée l'approbation de l'anglophone. S'ils veulent établir avec les Anglo-Québécois une relation constructive, qui soit à l'avantage du Québec, les francophones devront écouter le conseil implicite de M. Scowen et se comporter davantage comme faisant partie du groupe majoritaire. Cela impliquera qu'ils relativisent les jugements négatifs portés sur eux par les anglophones. On n'est plus en 1810, quand le gouverneur Craig dirigeait le gouvernement à Québec. En 1992, ce sont les Québécois, à 83 p. 100 francophones, qui décident. Si les francophones le veulent vraiment, le Québec sera indépendant dans trois mois, quoi qu'en pensent et quoi qu'en disent les Anglais.

Un article de la *Gazette* faisant, avec la plus totale mauvaise foi d'ailleurs, le lien entre le nationalisme québécois et la montée du racisme à Montréal n'est et ne reste qu'un article calomnieux de la *Gazette*, un journal où d'autres points de vue sont aussi exposés. Relativiser, c'est être capable de prendre connaissance d'un article injurieux sans s'énerver. C'est réaliser aussi que les Anglo-Québécois, s'ils se considèrent, plus qu'autrefois, comme une communauté, ne constituent pas un groupe aussi monolithique que ne l'est la majorité francophone.

Dans la *Gazette*, on peut lire — ou ne pas lire — les répétitives envolées anti-Québec de tel chroniqueur. Dans la même page, on peut prendre aussi connaissance des commentaires quelquefois acerbes, toujours intelligents, d'un autre journaliste. Et c'est toujours un plaisir que de lire les analyses nuancées, enracinées dans l'histoire, d'un troisième collaborateur. Admettre que la *Gazette* existe ne signifie pas qu'il faille l'acheter chaque jour, ni que l'on doive tenir pour parole d'Évangile les opinions qui y sont exprimées. Cela vaut pour le *Globe and Mail*, dont la pénétration au sein des élites francophones a augmenté ces dernières années.

C'est nous qui décidons, en toute souveraineté, de l'importance qu'il faut accorder à l'opinion de ces anglo-québécois différents de nous sous certains points fondamentaux. Si le jugement de l'Anglo-Québécois sur nous a son importance, il reste que ce n'est qu'un jugement anglo-québécois sur nous. On peut en prendre une partie, en contester une autre et carrément ignorer le reste. Pour une très grande part, cela ne nous regarde pas: c'est leur monde à eux, auquel ils ont droit. L'essentiel, c'est d'être capable de tirer partie d'un point de vue spécifiquement anglophone, tout en se souvenant qu'au Québec, ce sont les francophones qui dirigent. Comme dans toute bonne démocratie, c'est la majorité qui fait la loi, dans le respect des droits des minorités.

Cette dédramatisation de la relation avec la minorité anglo-québécoise sera d'autant plus nécessaire que l'établissement d'une nouvelle relation avec elle se fera obligatoirement par essais et erreurs. Il sera impossible d'éviter totalement certains ratages, certaines bavures. Les prétextes ne manqueront pas pour monter aux barricades, si l'on y tient. Déjà, sur le «front» linguistique, on assiste à une radicalisation des points de vue qui a affecté M. Scowen depuis la publication de son livre. On peut être certain que des francophones ne manqueront pas de lui répondre...

Les revendications anglo-québécoises

Dans cette optique de relativisation du discours anglo-québécois, qu'en est-il des propos exprimés par Reed Scowen dans son livre? Gardons-nous tout d'abord de porter un jugement sur toutes les propositions d'un ouvrage s'adressant avant tout à un public anglo-québécois. Réjouissons-nous de certaines convergences, importantes pour l'avenir, entre la vision proposée aux Anglo-Québécois et celle qui est généralement partagée par les Québécois francophones.

La principale a trait à la priorité à donner par les Anglo-Québécois au cadre québécois par rapport au cadre canadien, de même qu'au type de relation majorité francophone/minorité anglophone que cela implique. Il est clair que, pour l'heure, cette priorité n'est pas acquise pour beaucoup d'Anglo-Québécois inquiets de l'avenir d'un Canada auquel ils sont très attachés. Mais avant de trop le leur reprocher, notons que cela résulte en partie de l'attitude des francophones eux-mêmes, qui manifestent trop souvent l'insécurité typique des groupes minoritaires.

Une autre convergence importante est l'acceptation du caractère prédominant du français au Québec. Selon Scowen, l'affichage devrait se faire dans tous les cas en français et, quand il comporte de l'anglais, le français devrait toujours être prédominant. Notons que cela constitue une évolution notable par rapport à une vision anglophone traditionnellement axée sur les droits individuels. Vu sous le seul angle des droits, la simple imposition par le Québec de la prédominance du français est discriminatoire: ne sous-entend-elle pas que le francophone est supérieur à l'anglophone? Cette convergence est importante parce qu'au Québec le but à atteindre ne saurait être le bilinguisme institutionnel ou la mise sur le même pied des deux langues. En plus de ne pas correspondre à la réalité d'une société fondamentalement française, une telle bilinguisation de la province serait suicidaire pour les francophones. Ce qu'il faut, c'est permettre à une réalité anglaise de se montrer au sein d'une société française.

Cette reconnaissance plus grande, par les Anglo-Québécois, du concept de droits collectifs, impensable il y a tout juste vingt ans, manifeste un rapprochement avec les valeurs partagées par la majorité francophone. Cela conduit Scowen à revendiquer rien de moins que la reconnaissance du fait que les anglophones constituent une société distincte au sein du Québec. C'est de bonne guerre. Cependant, il va de soi que cette demande ne saurait être acceptée par le Québec. De toute évidence, une hiérarchisation s'impose entre les droits collectifs des Québécois et ceux de la minorité anglo-québécoise qui n'a pas intérêt à revendiquer le même statut que le Québec dont elle fait partie. Cela sape à sa base même le concept de société distincte. Or, ce concept permet plus facilement de faire une place au fait anglo-québécois que la notion de nation exclusivement française, encore préférée par beaucoup de francophones. Cela dit, il faudra trouver un moyen de reconnaître les droits collectifs des anglophones québécois.

Parmi ses principales recommandations, Scowen demande que l'école anglaise, actuellement accessible au Québec pour les anglophones canadiens, soit ouverte à tous les anglophones, en particulier à ceux qui viennent des États-Unis. Cela non plus n'est pas acceptable. Non seulement les immigrants américains qui arrivent ici n'ont aucun droit historique à l'école anglaise, mais ils ont, davantage que les Anglo-Canadiens de souche, tendance à considérer le phénomène québécois comme un fait ethnique. C'est Scowen lui-même qui démontre avec efficacité dans son livre que l'insécurité des francophones à l'égard des Anglo-Québécois est souvent mal dirigée: le véritable péril linguistique et culturel vient de nos voisins du sud. Dans ce contexte, ouvrir l'école anglaise aux ressortissants américains ne ferait qu'accentuer la méfiance des francophones à l'égard des Anglo-Québécois. Non sans raison, ceux-ci seraient alors perçus comme les sentinelles avancées des 250 millions d'anglophones nord-américains qui nous entourent.

Cela dit, les principales institutions de la minorité anglophone seront menacées si le nombre des anglophones continue à décroître, non seulement proportionnellement à la population en général mais surtout en nombre absolu. Pour apaiser ce légitime sentiment d'insécurité, la majorité francophone pourrait accepter de revoir certaines des règles actuelles sur l'accès à l'école anglaise, si le nombre d'anglophones au Québec tombait sous un certain seuil. Indirectement, cela leur donnerait l'indication qu'ils recherchent: le processus de francisation n'implique pas à terme la disparition de leur communauté.

Force est cependant de constater qu'il n'est pas possible d'envisager de tels réaménagements dans le contexte politique et constitutionnel actuel. Tant que la relation Québec-Canada n'est pas changée de façon fondamentale, ce genre d'ouverture du Québec à sa minorité anglophone se retourne implacablement contre lui. Le combat de la société distincte — la vraie — est autant celui des Anglo-Québécois qu'il est celui des francophones, ne serait-ce que parce qu'ils en profiteront éminemment.

M. Scowen veut enfin que les Anglo-Québécois, dont le moral reste très bas, cessent d'avoir peur d'exister. Il leur dit de ne pas craindre de parler anglais au Québec. Dans la mesure où cela correspond à un mouvement d'affirmation, tant mieux. On a besoin d'anglophones dynamiques. Mais emporté par son élan, le leader d'Alliance-Québec va plus loin. Il ne faut pas avoir peur, dit-il aux anglophones, d'insister pour être servis en anglais dans les établissements commerciaux. Le fait que cette seule recommandation ait suffi à discréditer un livre valable et important au sein de la majorité francophone en dit long sur son caractère inutilement provocateur. Car si on a besoin d'anglophones au Québec, on a surtout besoin d'anglophones qui se sentent québécois, c'est-à-dire qui admettent que la langue normale d'usage est ici le français. S'enquérir de la disponibilité, au demeurant fréquente, d'un service en anglais au Québec est tout à fait raisonnable. Mais insister pour être servi en anglais, c'est vraiment, comme on dit, courir après le trouble.

Perfide Albion

Il importe d'être réaliste. Les Anglo-Québécois ne sont pas des anges; ils ont des intérêts à défendre et ils le feront à leur façon. Nul doute que la majorité d'entre eux accueilleraient avec plaisir le retour au bilinguisme et au libre choix de l'école, si les francophones donnaient suite à leur plaidoyer *pro domo* sur les droits individuels. Des contacts plus fréquents avec les Anglo-Québécois feront réaliser aux francophones qu'ils ont affaire à une culture politique différente, qu'il leur faut être capable de décoder.

C'est ainsi que, dans une optique francophone, une certaine hypocrisie anglo-saxonne n'est pas toujours facile à supporter: «Nous n'avons aucun problème avec la clause sur la société distincte, clamaient presque unanimement les opposants à l'Accord du lac Meech. Ce sont les autres dispositions de l'Accord qui font problème.»

Deux ans après, dans tous les projets fédéraux, la clause sur la société distincte se retrouve charcutée, neutralisée... Plus que jamais, il est clair que c'est elle qui constitue le vrai problème. Cela n'empêche pas nos bons apôtres canadiens-anglais de récidiver: «Voyons, ne revenons pas là-dessus: la société distincte québécoise est vraiment reconnue par le Canada anglais.»

C'est Victor Hugo qui rageait contre la perfide Albion qui, mine de rien, excellait à placer ses pions partout dans le monde, de Malte à Gibraltar en passant par Sainte-Hélène et Québec. S'ils veulent s'épargner de pénibles surprises, les francophones feraient bien de ne jamais oublier qu'une bonne dose d'hypocrisie caractérise la culture politique anglo-saxonne. Et que ce n'est pas toujours mauvais. Car c'est la même hypocrisie — ou plutôt le même sens du non-dit — qui a permis à l'Angleterre d'éviter de traumatisantes secousses dont on peut douter qu'elles soient nécessaires. Pendant qu'on vivait en France des épisodes tragiques comme la Terreur ou la Commune de Paris, les Britanniques conser-vaient le même système de gouvernement monarchique, en dépouillant graduellement le roi de ses pouvoirs. Mine de rien...

Par rapport aux anglophones, les francophones peuvent être transparents dans leurs intentions, au point d'en devenir naïfs: «Nous voulons être reconnus comme société distincte. Si nous ne le sommes pas, nous essaierons de nous séparer...» Même s'ils sont très loin de cette clarté cartésienne, notre vieux fonds normand, notre traditionnelle répugnance à trancher n'ont pas que de mauvais côtés. Ils rendent tout au moins difficile de prévoir comment nous réagirons aux événements à venir. C'est heureux; un Québec qui donnerait à son vis-à-vis canadien-anglais toute l'information sur ses intentions, en lui laissant prendre la décision finale, serait un Québec qui renoncerait à exercer du pouvoir.

Quoi qu'il arrive, les Anglo-Québécois garderont leur vision à eux, différente, sous certains aspects importants, de celle de la majorité francophone. Le New Deal dont il faudra convenir avec eux ne sera durable et bénéfique que s'il est marqué au sceau de la lucidité et du réalisme. Une telle entente fera ressortir qu'il y a plus d'une façon de se rattacher au Québec. Celle de la majorité francophone bien sûr, qui colore toutes les autres. Mais aussi celle de la minorité anglo-québécoise, celle des communautés culturelles, en attendant celle des autochtones, en temps utile.

L'apport anglo-québécois

Il faut tenir compte aussi du caractère nivelant d'une tradition française à laquelle nous nous rattachons. L'histoire de la France prérévolutionnaire est aussi notre histoire. Rappelons la funeste révocation par Louis XIV de l'Édit de Nantes et des droits des protestants.

À l'époque, toute la France profonde se réjouit de cette révocation qui fut l'une des décisions les plus populaires du règne du Roi-Soleil. En 1685, les protestants français — les huguenots — n'étaient plus qu'un million de personnes. En régression, ils ne représentaient plus une menace pour l'unité du pays. Cependant, ils étaient extrêmement dynamiques. Le départ de ce groupe d'élite saigna le pays. Les huguenots jouèrent en particulier un rôle crucial en Allemagne, favorisant la montée en puissance d'une Prusse qui ravagerait trois fois la France en moins d'un siècle, en 1870, en 1914 et en 1940.

À l'égard des Anglo-Québécois, il ne faudrait pas répéter le même genre d'erreur, à cause de notre aspiration profonde à un Québec entièrement français. Dans une perspective historique, les Anglo-Québécois, en tant que communauté, sont depuis un bon moment en régression. Comme les huguenots français, ils constituent dans certaines sphères un groupe d'élite et ils sont bien enracinés ici. Ils peuvent donc jouer un

rôle bénéfique pour le Québec. Car même si les francophones s'endurcissent au contact des anglophones, ils resteront
pour l'essentiel ce qu'ils sont, un peuple exceptionnellement
tolérant. C'est bien ainsi, car il s'agit d'un trait de caractère
dont ils peuvent être fiers à juste titre. Il remet à leur juste
place les accusations de non-respect des droits de la personne
que l'on porte à l'encontre de l'une des sociétés les plus per-
missives qui soit. Ce sont cette permissivité et cette tolérance
qui séduisent le plus spontanément les étrangers qui viennent
ici. C'est le motif que donnent souvent certains anglophones
du reste du Canada pour expliquer leur décision de venir
s'installer au Québec.

Mais l'envers de la médaille, c'est que les doux Québécois
se font parfois facilement avoir dans le contexte canadien et
nord-américain. Dans cette optique, les Anglo-Québécois
peuvent faire un utile travail de défense et d'explication du
Québec. C'est ainsi que, lors des grandes conférences constitutionnelles de janvier 1992, les plus efficaces défenseurs du
bilan québécois en matière de droits de la personne furent des
Anglo-Québécois.

Les Anglo-Québécois ont aussi un rôle important à jouer
dans le difficile processus de rupture avec le reste du Canada.
En reconnaissant davantage les Anglo-Québécois de façon
collective, les Québécois, on l'a dit, se redonneront, sur leur
territoire et selon d'autres règles, l'interlocuteur auquel ils
sont habitués dans le reste du Canada. Ils pourront aussi
profiter des contacts privilégiés que la communauté anglo-
québécoise conservera, quoi qu'il arrive, avec un Canada où
le Québec a des alliés: tous ces Canadiens qui se sont courageusement battus pour la ratification de l'Accord du lac
Meech; tous ceux qui ont une certaine connaissance du français et dont le nombre est sous-estimé au Québec; tous ceux

enfin qui sont conscients de ce que l'actuelle relation Canada-Québec ne fonctionne plus et qu'il faut la changer, dans l'intérêt des deux parties.

Il faut s'assurer de l'appui de la partie la plus réaliste d'une communauté anglo-québécoise qui a absolument tout à perdre d'un dérapage. Il faut lui faire comprendre que le but n'est pas de détruire le Canada pour bâtir un mythique Québec français et indépendant, mais bien de transformer une relation Canada-Québec qui pourrit dangereusement au détriment de tout le monde, en particulier de ceux qui sont à la jonction de l'identité québécoise et de l'identité canadienne: les Anglo-Québécois et les francophones hors Québec.

À partir du moment où la relation Canada-Québec sera fondamentalement changée, il redeviendra avantageux pour les Québécois, dans le contexte nord-américain, de privilégier cet espace canadien que leurs ancêtres ont développé. Là continueront d'habiter non seulement un certain nombre de Canadiens anglais sympathiques au Québec, mais aussi un million de francophones, en particulier les Acadiens. Entre les Québécois et ces francophones canadiens, on aura intérêt à renouer les liens politiques et émotifs qui ont été rompus dans les années 60, quand le nationalisme canadien-français est devenu le nationalisme québécois.

Du côté de Singapour

Pour ce qui est du rôle des Anglo-Québécois et des Franco-Canadiens, on pourra s'inspirer un peu de l'exemple de la Malaysia et de Singapour, brièvement membres de la même fédération de Malaisie, sous la pression de l'ancien colonisateur britannique. La ville-île-État qu'est Singapour est peuplée à 76 p. 100 de Chinois, avec une minorité malaise de 15 p. 100   Tout à côté, la Malaysia compte un peu plus de 50 p. 100 de Malais, avec une importante minorité chinoise de 30 p. 100.

Les relations entre les deux pays, après la période de refroidissement qui suivit la dissolution de la fédération de Malaisie en 1965, sont maintenant bonnes. On a pris acte de ce que les convergences entre les deux États ne permettaient pas de masquer le fait que Singapour, aux trois quarts chinoise, désirait avoir son propre État indépendant. Le fait qu'il y ait des Malais à Singapour et des Chinois en Malaysia aide aux bonnes relations entre les deux pays. De façon analogue, les Anglo-Québécois et les francophones hors Québec ont un rôle important à jouer dans la restructuration de la relation Canada-Québec.

Il y a aussi, à Singapour, une petite minorité tamoule (indienne) qui constitue 6,5 p. 100 de la population. Les langues chinoise, malaise et tamoule y ont un statut officiel, de même que l'anglais, la langue de l'ancien colonisateur. Le malais jouit du statut honorifique de langue nationale, la ville étant sise en territoire culturel malais. Le mandarin est parlé par la majorité chinoise de la population; le tamil est limité à la petite minorité tamoule.

Ce qu'il faut retenir, c'est que des quatre langues officielles, c'est l'anglais qui est, et de loin, la plus importante. C'est la première langue (*first language*), celle qui est utilisée pour les relations entre les diverses communautés. Le nationalisme de la majorité chinoise, qui contrôle tous les leviers du pouvoir à Singapour, n'est que marginalement associé à l'usage du mandarin.

Plus que le statut de seule langue officielle, que l'on pourrait éventuellement étendre à l'anglais et aux langues autochtones dans le nord de la province, c'est ce statut de *première langue* et de *langue d'usage* entre les différentes communautés qui apparaîtrait le plus porteur d'avenir pour le français dans un Québec qui serait libéré de la Conquête. L'important est que le français soit au Québec la langue du pouvoir sous toutes ses formes.

LES AUTOCHTONES

Le moral et le politique

Qu'en est-il du facteur autochtone, de ce problème à la fois délicat et majeur? Il est susceptible de faire déraper l'ensemble de l'affaire, comme on l'a bien senti lors de la crise d'Oka-Châteauguay, juste après l'échec de l'Accord du lac Meech. Et en même temps, en regard de la problématique Canada-Québec, il s'agit d'une diversion à laquelle il ne faut pas attacher plus d'importance qu'elle n'en a. C'est évidemment facile à écrire quand on ne demeure pas dans la région de Kanawake ou de Kanesatake, quand on n'assume pas les fonctions de maire de Châteauguay ou de Premier ministre du Québec.

On est ici en face d'un cas flagrant de confusion entre politique et morale, comme il en existe maints exemples à l'âge du *politically correct*. Cela augure mal de l'avenir, malgré ce qu'en penseront toutes les belles âmes. À ce sujet, rappelons le grand débat qui marqua toute la période de l'après-guerre en France, entre Raymond Aron et Jean-Paul Sartre. Aron fut unanimement disqualifié dans les années 50, quand il dénonçait le communisme et attirait l'attention sur certains éléments positifs de l'expérience américaine. Pendant ce temps, Sartre devenait le maître à penser de l'intelligentzia française qu'il ralliait à la philosophie marxiste, doctrine en vogue à l'époque et considérée comme l'avenir de l'humanité.

Aron admettait aisément n'être pas un aussi grand écrivain que Sartre, auquel il vouait une fervente admiration. Cependant, contrairement à Sartre, il ne se trompa pas sur à peu près toutes les causes qu'il défendit. La différence cruciale entre Aron et Sartre, celle qui rendit ce dernier plus populaire et le fit se tromper si souvent, était que Sartre confondait morale et politique. Aron, lui, tint toute sa vie mordicus à ce que la politique demeurât un domaine distinct de la morale.

Cela ne veut pas dire que morale et politique doivent rester étrangères l'une à l'autre. Bien au contraire! Il n'est pas de leadership politique qui se tienne sans composante morale: il faut intégrer le maximum de morale à la politique. Mais il faut absolument aussi se garder de réduire la politique à une question de morale, si l'on ne veut pas aboutir aux pires aberrations, sous le couvert de bons sentiments.

Rarement la maxime disant que l'enfer est pavé de bonnes intentions n'aura été aussi vraie qu'en politique. À l'origine, qu'y avait-il de plus moral que cet idéal marxiste qui servit de prétexte à tant d'abominations? La plupart des intellectuels occidentaux se frottèrent les mains de satisfaction quand les vaillants petits Khmers Rouges, comme on les appelait à l'époque, «libérèrent» Phnom-Penh, la capitale du Cambodge, au milieu des années 70. Pourtant, ce fut le prélude au massacre du tiers de la population du pays.

Cette tendance à confondre politique et morale ne laisse pas d'être inquiétante pour l'avenir, car elle rend de plus en plus difficile l'exercice de leaderships spécifiquement politiques. Il existe parallèlement une tendance à réduire la politique à l'économie. Ce qui semble remis en cause, c'est la nécessité de l'existence d'un champ proprement politique. Un géant de ce siècle, Winston Churchill, qui sauva la Grande-Bretagne du péril hitlérien en 1940, serait vite discrédité aujourd'hui en tant que leader politique, entre autres parce qu'il buvait trop. Qui jugerait acceptable le double jeu de Charles de Gaulle à l'égard des pieds-noirs, qui permit à la France de sortir du bourbier algérien?

Ces années-ci, le phénomène est particulièrement prononcé en Amérique du Nord. Le projet national américain reste marqué par la stricte morale des premiers puritains. Il est irréaliste pour quiconque de penser accéder à la présidence américaine s'il trompe sa femme ou s'il a fumé une cigarette de marijuana dans sa jeunesse. À moins bien sûr de se résigner au mensonge et à l'hypocrisie, indissociables du *politically correct*. C'est ainsi que le candidat à l'investiture démocrate pour les élections présidentielles de 1992, Bill Clinton, en fut réduit à prétendre qu'il n'avait pas inhalé la fumée de la cigarette de marijuana qu'il admettait avoir fumée, plusieurs années auparavant.

Un processus de désintégration

Cette réduction de la politique à la morale affecte éminemment le Canada dont elle accélère la désintégration. Il est proprement suicidaire d'accorder la priorité aux droits de toute une panoplie de groupes minoritaires, au premier chef les autochtones, au détriment du règlement du problème politique qui est en train de détruire le pays: la question du Québec.

Nul doute que, sur le plan moral, la cause des autochtones soit supérieure à celle des Québécois. Il en va de même de la cause des Acadiens et de celle d'un grand nombre de groupes défavorisés. Si les Québécois ont été conquis, les Acadiens ont été déportés. Les sociétés autochtones, elles, ont été pour une grande part irrémédiablement détruites, leurs membres atteints au cœur de leur identité, dépouillés de leur dignité d'êtres humains. Sur le plan moral, la responsabilité de l'homme blanc, quel qu'il soit, à l'égard des autochtones est incontestable, ce qui n'est pas sans conséquences politiques. Il n'en fallait pas davantage pour que beaucoup de Canadiens en concluent que le règlement de la question autochtone devait avoir priorité sur celle du Québec. Reconnaître que les autochtones constituent des sociétés distinctes au sein du Canada fait consensus au sein d'une opinion publique canadienne-anglaise qui refuse paradoxalement ce statut au Québec.

Il est devenu impossible de lire un texte canadien-anglais faisant référence à la dualité canadienne sans qu'il soit immédiatement fait mention de la troisième nation fondatrice autochtone. Dans une pitoyable tentative de réécriture de l'histoire, on fait des autochtones les premiers Canadiens, faisant ainsi injure à la mémoire des ancêtres des Québécois, les anciens Canadiens. La réalité est que, sur le plan de l'identité, les autochtones commencent à peine se sentir canadiens.

Il est question de politique et non pas de morale. Dans un Canada politiquement fonctionnel, le règlement du problème québécois devrait avoir nettement priorité, ne serait-ce qu'à cause de la loi du nombre — il y a dix fois plus de francophones que d'autochtones au pays. Par ailleurs, il faut avoir l'esprit bien tordu pour prétendre que ces derniers constituent des sociétés distinctes à la manière du Québec, doté de tous les attributs d'une nation moderne comme les Pays-Bas, la Suède ou le Danemark, par exemple.

Placer le problème autochtone sur le même pied que le problème québécois est une erreur fondamentale. Parce qu'il est structurel, le problème québécois pervertit tout le système, y compris le problème autochtone. Essayer de traiter le problème autochtone sans tenir compte de cette réalité ne peut mener nulle part. Par ailleurs, ce n'est pas un hasard si l'explosion autochtone, à Oka et à Châteauguay, eut lieu tout de suite après l'échec de l'Accord du lac Meech. Le processus de déstructuration du pays enclenché par le pourrissement du problème québécois, ouvrait une brèche dans laquelle la vieille frustration autochtone pouvait s'engouffrer.

Celle-ci s'est avant tout exprimée au Québec parce que cette province représente encore le Canada fondamental. Malgré les apparences, l'identité québécoise reste l'identité la plus profondément canadienne en ce pays. C'est avec les Français que les Indiens nouèrent leur première relation avec une société blanche au Canada. Pour que cette relation fût remise en cause, il fallait que le processus de déstructuration du Canada soit bien avancé.

Nationalisme *canadian* et autochtone: même combat

C'est un député autochtone du Manitoba, M. Elijah Harper, qui fit échouer *in extremis* la tentative de sauvetage de l'Accord du lac Meech, en juin 1990. Sans cette intervention, il semble bien que l'Accord aurait été ratifié. Par ailleurs, il est clair que le représentant autochtone n'aurait pu supporter l'énorme pression que provoquait son geste, sans l'appui d'une opinion publique canadienne-anglaise profondément opposée à l'Accord et pour qui, en quelques jours, M. Harper se transforma en héros.

Loin d'être niée par les leaders autochtones, cette convergence d'intérêts sera plusieurs fois rappelée par eux, lors de la crise d'Oka-Châteauguay qui éclatera quelques semaines plus tard. Les Canadiens, dirent-ils, se devaient d'appuyer la cause des autochtones, ne serait-ce que parce que ceux-ci, en tant que propriétaires du territoire, avaient les moyens d'empêcher les Québécois de se séparer et de détruire le Canada. La complémentarité du nationalisme *canadian* en cours d'élaboration depuis 1982 avec le nouveau nationalisme autochtone devenait évidente pour quiconque était capable de voir.

L'impact moral considérable de la cause autochtone permettait au nationalisme *canadian* de passer vite sur ses scrupules face à l'échec de l'Accord du lac Meech et à la réaffirmation de la Conquête comme principe structurant du Canada. De façon hypocrite, on pouvait rétorquer: «De toute façon, ce n'est pas nous. Ce sont les autochtones qui l'ont fait.» Un certain Canada utilisait les autochtones pour se donner bonne conscience à l'égard du Québec. En retour, l'appui sans nuance de l'opinion publique canadienne-anglaise permettait aux leaders autochtones d'exercer un pouvoir nouveau, littéralement démesuré.

On s'entendait sur le dos d'un Québec indignement exploité et calomnié dans l'affaire.

* * *

Je me souviendrai toujours de ma stupéfaction, lors de mes premiers voyages dans les provinces des Prairies, de découvrir ce vaste ghetto autochtone qui déshonore le cœur de Winnipeg. Nos hôtes nous mettaient bien en garde de ne pas sortir seuls la nuit. Plus tard, on me servit le même avertissement dans une ville comme Saskatoon, que je croyais par définition paisible parce que moins populeuse. J'appris aussi qu'il y avait beaucoup plus d'autochtones dans cette région du pays qu'au Québec, en nombre absolu et proportionnellement à l'ensemble de la population. Par exemple, il y a davantage d'autochtones au Manitoba qu'au Québec, bien que la population de ce dernier soit six fois plus importante que celle du Manitoba.

La situation des autochtones est mauvaise partout au Canada. Mais puisque beaucoup de Canadiens et d'autochtones tiennent à tout prix à faire des comparaisons, rappelons que c'est au Québec que leur situation est la meilleure, si l'on considère ces indicateurs capitaux que sont le nombre d'autochtones en prison, la qualité du logement et la survivance des langues ancestrales[1]. Compte tenu de cette réalité, il est injuste et incompréhensible, pour beaucoup de Québécois, que ce soit chez eux, à Kanawake et à Kanesatake, que le problème autochtone ait explosé. Certains leaders autochtones n'ont-ils pas parlé du Québec comme d'une société distincte, en ce sens qu'elle opprimait davantage leur peuple que le reste du pays? Pourtant, quand on est conscient du fait que la morale et la politique ne se recoupent pas entièrement, on comprend davantage la dynamique de la situation. Dans une optique de contestation autochtone du système politique canadien, il était tentant de s'attaquer au Québec, le cœur mou du Canada.

---

1. Cf. statistiques publiées en 1989 par le ministère fédéral des Affaires indiennes. De même, dans une étude comparative rendue publique au printemps 1992, M. Bradford Morse, professeur de droit à l'université d'Ottawa, notait que la performance du Québec à l'égard des autochtones dépassait celle des autres provinces dans toutes les rubriques analysées, et ce de façon souvent significative.

Sur le plan de la morale, quand vous êtes gentils avec les gens, vous pouvez vous attendre à ce qu'ils soient corrects avec vous en retour. En politique, dans certains cas désespérés, on va s'attaquer au contraire aux gens un peu trop gentils. C'est que l'on sent alors une brèche dans ce qui apparaît comme une manifestation de faiblesse.

Le fait que davantage de Québécois fassent un lien entre l'explosion autochtone et la question Québec-Canada est un signe encourageant de lucidité quant à la façon dont le Canada fonctionne, à une époque capitale pour la redéfinition du statut du Québec. Dans l'affaire d'Oka-Châteauguay, un homme politique aussi peu paranoïaque que Claude Ryan s'étonnait de l'attitude biaisée d'une partie des médias anglophones contre le pouvoir québécois.

Le débat sur l'Accord du lac Meech a montré que le pays reste structurellement bâti sur la confiscation de certaines conséquences politiques qui découlent spontanément du fait que les Québécois sont collectivement différents. Depuis la fin des années 60, ce pouvoir québécois est redistribué aux leaders des groupes ethniques, au moyen du multiculturalisme. Depuis la Loi constitutionnelle de 1982, il profite aussi aux dirigeants des petites provinces comme le Manitoba ou Terre-Neuve, grâce au principe d'égalité des provinces dont le Sénat égal est l'aboutissement ultime. Depuis l'échec de Meech, une partie de ce pouvoir québécois est enfin redistribué aux chefs autochtones.

Les premiers ministres des petites provinces, les élites ethniques et les leaders autochtones ont tendance à abuser de ce pouvoir, au détriment du Canada. Cela n'a rien d'étonnant, car il s'agit d'un pouvoir trop grand pour eux, qui ne leur appartient pas, d'un pouvoir que le Québec s'est laissé confisquer.

La fin du «*Peaceable Kingdom*»

Cela dit, il est indéniable que le facteur autochtone reste l'un des éléments fondamentalement incontrôlables d'une situation potentiellement dangereuse. Au-delà de la qualité individuelle des leaders autochtones et du caractère moral de leur cause, ils n'ont pas vraiment de contrôle sur certains éléments de leur communauté qui ont sombré, lors de la crise d'Oka-Châteauguay, dans la délinquance et le terrorisme.

Mais pire encore, alors que ces comportements étaient en profonde rupture avec une longue tradition canadienne de non-violence et de respect de la loi, ils reçurent la caution enthousiaste d'une grande partie de l'intelligentzia canadienne-anglaise. Cela contrastait avec une opinion publique québécoise qui, toutes tendances confondues, avait massivement répudié les membres du Front de libération du Québec en 1970 dès qu'il devint clair, après la mort du ministre Pierre Laporte, qu'ils usaient de violence.

Le très respectable *Globe and Mail* ne craignit pas de faire la une de ses journaux avec un enfant masqué, déguisé en Warrior. Le pays qu'hier encore, beaucoup de Canadiens anglais se plaisaient à qualifier de «*Peaceable Kingdom*[2]», était bien mort le 23 juin 1990, avec l'Accord du lac Meech. Il n'avait pas fallu un mois pour que l'affaire d'Oka-Châteauguay le confirme. À cet égard, le facteur autochtone illustre bien le cercle vicieux dans lequel les Québécois sont enfermés. Dans l'affaire d'Oka-Châteauguay, ils ont touché comme rarement à leur impuissance collective: l'identité québécoise fut profondément agressée, sans pouvoir vraiment réagir. Si, dans ces circonstances, la stratégie attentiste du

---

2. Le royaume pacifique.

Premier ministre Bourassa était sans doute la seule possible, le prix à payer fut grand. Les citoyens, empêchés de circuler et de travailler, restreints dans leurs droits fondamentaux, avaient le choix de se laisser faire ou d'user eux-mêmes de moyens illégaux ou violents. Certains allèrent jusqu'à lapider des familles autochtones qui empruntaient ce pont Mercier qu'on leur interdisait, à eux, de traverser.

Ce genre de comportement est évidemment condamnable. De loin — de Paris, de Toronto, d'Outremont —, il est aisé de se limiter à en blâmer les auteurs. Cela est cependant insuffisant. Car, à moins d'être totalement masochiste, tout citoyen québécois, canadien ou étranger, placé dans la même situation, aurait vu son niveau d'agressivité monter à l'égard des autochtones. Durant cet été indien, le véritable événement au Québec ne fut pas qu'il y eut des manifestations d'agressivité à l'égard des autochtones, mais bien qu'il n'y en eut pas davantage.

À la suite de cette crise, le sentiment anti-autochtone a augmenté au Québec en général, et dans les régions de Châteauguay et d'Oka en particulier. S'il y a danger de fascisme et de racisme au Québec, il viendra de l'impuissance du pouvoir québécois. Quand on les agresse trop, même les doux peuvent devenir méchants: les autochtones en sont un bon exemple.

Quand une identité nationale est agressée au-delà d'une certaine limite, elle sombre dans un processus destructeur et violent qu'il devient extrêmement difficile de renverser. Quand bien même l'on redonnerait aux autochtones la propriété de 90 p. 100 du territoire du Canada et du Québec, que l'on signerait avec eux traités sur traités, cela ne changerait rien au fait que leurs vieilles sociétés ont été, pour une grande part, irrémédiablement détruites: sur le plan de l'identité, il y a quelque chose de vital que l'on ne pourra jamais leur rendre. D'où une hargne qui restera toujours présente.

Ce début de dérapage devrait convaincre tout le monde de la priorité à accorder au règlement de la question du Québec, avant qu'il ne soit trop tard. On l'a dit, l'identité québécoise n'est pas à l'abri d'une implosion qui la ferait tragiquement sombrer dans un processus autodestructeur et violent. Or, dans le système politique canadien, le Québec a beaucoup plus de poids que n'en auront jamais les communautés autochtones.

Le pire danger qui menace le Canada n'est pas le départ du Québec, comme le croient beaucoup de Canadiens. S'il se fait de façon civilisée, ce départ comportera des avantages pour les deux parties. Le pire danger qui menace le Canada, c'est que les Québécois restent dans ce pays qu'ils ont fondé et auquel ils sont attachés, sans que la relation avec le reste du Canada ait été modifiée. Le pays s'enlisera alors dans une dynamique beaucoup plus destructrice que celle que nous connaissons actuellement.

Ouverture et fermeté

S'il est difficile de comprendre la dynamique autochtone sans tenir compte de la relation Canada-Québec, cette dernière n'explique évidemment pas tout. Pour les Québécois, les autochtones représentent le réel dans ce qu'il a de frustrant, d'incontournable et d'effrayant. Ils sont la terre; ils sont le feu. Ils font partie intégrante de l'histoire du Québec. Avec les guerriers Mohawks, nous avons un vieux contentieux qui remonte à la guerre franco-iroquoise de la fin du XVIIe siècle.

On a dit dans ce livre combien il était important pour les Québécois d'apprendre à exercer davantage leur pouvoir sous le regard des anglophones. À l'égard des autochtones, cet exercice réussi du pouvoir sera encore plus difficile. Spontanément, on aura tendance à être soit trop doux, soit trop dur.

Les autochtones constituent le seul groupe capable de faire naître au sein de l'identité québécoise la culpabilité qui paralyse. À certains égards, ils sont les alliés objectifs de ceux qui veulent que la relation Canada-Québec reste bâtie sur la Conquête. Ils peuvent être la tête chercheuse d'un nouveau nationalisme *canadian* qui ne respecte pas le Québec. Les Québécois l'ont bien senti lorsque le chef Ovide Mercredi est venu clamer haut et fort, sur le parquet de leur Assemblée nationale, ce que beaucoup de Canadiens anglais pensent tout bas: ils ne constituent pas un peuple. Dans l'affaire d'Oka-Châteauguay, sous les applaudissements de l'opinion publique canadienne et internationale, le nationalisme autochtone servit de prétexte à de multiples actes de vandalisme et d'intimidation au détriment d'innocents citoyens québécois, y compris des autochtones.

Nul doute par ailleurs que ce nationalisme autochtone comporte des aspects modernes et positifs. Il en est encore à une phase initiale d'affirmation, comparable à celle que traversa le nationalisme québécois dans les années 60. Dans un tel contexte, il faut comprendre que certaines exubérances, certains excès sont non seulement inévitables, mais normaux. Dans la mesure où le nationalisme autochtone optera pour une attitude positive et se stabilisera, ces manifestations se résorberont d'elles-mêmes avec le temps.

Je me souviendrai longtemps d'un autochtone du Manitoba à qui j'avais enseigné à Québec, il y a quelques années. Plus tard, je le retrouvai incroyablement transformé sur le plan moral comme sur le plan physique, littéralement radieux: il avait milité au Manitoba pour la cause autochtone, lors de la crise d'Oka-Châteauguay. Parlant couramment le français, il semblait peu menacé par la perspective de l'indépendance d'un Québec où il était revenu parce que cette contrée lui semblait la partie la plus intéressante du Canada. À cet égard, il était vraiment l'exception qui confirme la règle, car les autochtones québécois se sentent en général menacés par la perspective de l'indépendance du Québec. Cela n'a rien d'étonnant. Le gouvernement fédéral est traditionnellement leur grand pourvoyeur sur le plan financier. Ils sont plus minoritaires au Québec que dans le reste du Canada. Mais surtout, leur nouveau nationalisme s'exprime essentiellement dans le cadre canadien. Au moment même où ils commencent à se sentir pour la première fois canadiens, on parle de leur enlever le Canada. Quel paradoxe que ce nouvel attachement au pays arrive au moment où beaucoup de Québécois, les descendants des premiers Canadiens, ont, eux, le goût de décrocher!

Des assurances précises devraient être fournies aux autochtones quant aux effets qu'aurait sur eux un éventuel réaménagement de la relation Canada-Québec. Par ailleurs, le facteur autochtone doit faire comprendre aux Québécois le risque qu'ils courront quant à l'intégrité territoriale du Québec, s'ils remettent en cause l'intégrité territoriale du Canada. Il faudra également se souvenir que les autochtones sont sensibles aux gestes symboliques de reconnaissance: dans cet esprit, l'octroi d'un statut officiel aux langues autochtones pourrait être envisagé.

Cela dit, la nécessaire ouverture à l'égard des autochtones ne doit pas devenir synonyme d'abdication du pouvoir québécois dans ce qu'il a d'irréductible et de légitime. Déjà, on l'a dit, face à ce qui était terrorisme et délinquance, Claude Ryan a montré la voie lors de la crise d'Oka-Châteauguay. Il a pris, à plusieurs reprises, la défense de la Sûreté du Québec qui était montée au front au nom du Québec, et ce dans des conditions extrêmement difficiles. Toutes les rhétoriques du monde ne sauraient faire oublier que le seul mort, dans cette affaire, fut un Québécois, membre de la Sûreté du Québec.

Envers les autochtones, il importe de conjuguer fermeté avec ouverture. Il sera impossible de nouer des relations harmonieuses avec les communautés autochtones si ne se développe pas en leur sein un leadership responsable et capable de contrôler la situation: sans cela, l'accession des autochtones à une plus grande autonomie ne restera toujours qu'un vœu pieux. La priorité doit être d'aider à l'émergence de ce leadership autochtone. Pour cela, le pouvoir québécois devrait rester très ferme quant aux engagements contractés antérieurement par les leaders autochtones. La sympathie du Québec à l'égard des autochtones ne saurait aller jusqu'à mettre de côté la Convention de la baie James qui fut convenue avec eux, dans les années 70.

On dira que la majeure partie de la population autochtone ne comprenait pas alors ce à quoi ses représentants s'engageaient en son nom. On invoquera que le contexte a changé depuis Oka-Châteauguay, que la presque totalité de la population autochtone est maintenant opposée au développement de la baie James. On invoquera bien d'autres raisons pour convaincre les Québécois de renoncer à l'exercice du pouvoir légitime qui est le leur.

Peut-être faudra-t-il retarder plus longtemps qu'on ne le pense la réalisation des différents projets de développement à la baie James; peut-être faudra-t-il modifier certains d'entre eux, y associer davantage les autochtones, multiplier les études d'impact et les consultations de la population locale. En aucune façon, il ne faudra mettre de côté le principe du développement de cette région du Québec qui a fait l'objet d'une entente librement convenue avec les représentants autochtones. D'ailleurs, un grand nombre d'entre eux sont encore assis à la même table de négociation.

Le Québec devrait être inflexible quant à cette application de principe de la Convention de la Baie James. Le Nord est sa «frontière»: il ne saurait y renoncer sans abdiquer son avenir. En dépit de toute la désinformation que l'on a fait circuler pour la discréditer, les Québécois peuvent être fiers de l'entente de la baie James. Certes, elle n'est pas parfaite, mais elle a l'immense mérite d'exister, unique au Canada, premier lien concret du Québec moderne avec ses autochtones.

L'image du Québec

Pour le reste, qu'ils soient les plus ouverts et les plus tolérants du monde à l'égard des autochtones, les Québécois feront l'objet, de toute façon, de calomnies dans ce dossier. Par conséquent, ils doivent faire ce qu'ils ont à faire, sans entretenir d'illusions sur les fruits qu'ils en récolteront à court et à moyen termes.

Le Premier ministre René Lévesque manifesta une exceptionnelle sympathie, qui ne se démentit jamais, à l'endroit des revendications autochtones. À l'époque où il boycottait les rencontres constitutionnelles après le rapatriement de 1982, son gouvernement alla jusqu'à céder aux autochones québécois les places qui lui étaient réservées dans les rencontres constitutionnelles consacrées au dossier autochtone. Lors de la crise d'Oka-Châteauguay, ces efforts n'empêchèrent en rien la mise au pilori d'un Québec qui, prétendit-on, opprimait ses autochtones plus que le reste du Canada.

S'il importe de maintenir, contre vents et marées, une politique d'ouverture envers les autochtones québécois, il serait masochiste de faire du zèle. Car quoi que l'on dise et quoi que l'on fasse, à l'époque de *Il danse avec les loups*, il y a des gens que l'on ne convaincra jamais que le développement de la baie James n'est pas synonyme de génocide, qu'il n'entraînera pas une catastrophe écologique du genre amazonien. Dans les années 60, a-t-on convaincu beaucoup de marxistes-léninistes que la Révolution culturelle de Mao n'était pas une bonne chose? Pour bien des gens, la cause est déjà jugée et entendue: l'hécatombe de milliers de caribous DOIT avoir eu lieu à la baie James, et non à des centaines de kilomètres de là; elle DOIT être attribuable au gouvernement du Québec, et non à des causes naturelles.

La belle image de tolérance exceptionnelle à laquelle tiennent tant de Québécois en sortira ébréchée. Il y a un prix à payer pour tout: être les plus tolérants, c'est aussi demeurer les plus exploités sur le plan de l'identité, c'est demeurer les éternels conquis.

Le gâchis autochtone n'aura pas été totalement mauvais pour les Québécois s'il les a quelque peu endurcis, les habituant à exercer davantage leur pouvoir sans l'approbation des autres. Ce n'est pas la *Gazette* qui décidera du destin du Québec; ce ne sont pas les autochtones; ce n'est pas le *New York Times*. Ce sont les Québécois. Comme toutes les modes, celle du *politically correct* passera: le Québec et les autochtones resteront, eux. Le caractère réducteur de cette idéologie commence déjà à en énerver plusieurs, aux États-Unis même. La France ne reconnaît-elle pas maintenant en Raymond Aron le seul géopoliticien français de stature mondiale de l'après-guerre?

Et peut-être, un jour, dans cinq ou dix ans, le *New York Times* publiera-t-il un dossier percutant sur ce cas typique de désinformation que constitua, au début des années 90, l'affaire de la baie James. Au Québec, on lira le tout assez distraitement: cela fera longtemps que l'on savait à quoi s'en tenir sur le sujet.

LE FRONT COMMUN

La Commission Bélanger-Campeau

Le Canada est engagé dans un pénible processus de déstructuration qui affecte le Québec où il a pris naissance. Les aspirations à la fois éclatées là-bas et contradictoires du Canada anglais, la méfiance viscérale d'une grande partie de la population à l'égard de ses élus, constituent des manifestations d'impuissance collective reliées à cette désagrégation.

Pour l'heure, le phénomène affecte moins les Québécois: en dépit de leurs divisions, ils restent les Canadiens les plus en mesure de dégager des consensus. Il s'agit d'un élément positif, non seulement pour le Québec mais aussi pour le Canada: le mal canadien trouvant son origine au Québec, c'est de là que viendra la solution, s'il en existe une.

L'échec de l'Accord du lac Meech fut une catastrophe pour le Canada de 1867 qu'il rendait profondément inopérationnel. On fut incapable de reconnaître le caractère foncièrement canadien de l'Accord, compromis pragmatique susceptible de différentes interprétations, selon que l'on s'identifiait avant tout comme Québécois ou comme Canadien.

De loin, la Commission Bélanger-Campeau constitua la réaction la plus importante du système politique canadien à cette catastrophe. L'exercice, dans lequel le Québec investit beaucoup d'énergie et d'émotion, était positif. Il était vital pour tout le monde, pour le Canada comme pour le Québec, que la Commission réussisse, ou à tout le moins n'échoue pas. On évita de justesse l'échec qui semblait un moment inévitable, en raison, entre autres facteurs, du caractère biaisé de l'opération en faveur des partisans de la souveraineté. Au cours de l'hiver 1990-1991, le souverainisme lâcha la bride comme jamais auparavant au Québec. Je me souviens du secrétariat de la Commission Bélanger-Campeau comme du cœur fébrile, à la fois inquiet et plein d'espoir, de ce grand mouvement.

Le rapport produit par le secrétariat et entériné par les membres de la Commission mit en évidence l'incontournable choc de deux identités et de deux visions collectives, la canadienne et la québécoise. Il s'agissait là d'une contribution importante à une solution éventuelle du problème. En effet, l'une des causes de l'enlisement actuel est la systématique mise sous le boisseau, dans le reste du Canada, en dépit de toute évidence, de cette dynamique antagoniste. Si l'on veut le comparer à un animal, le Canada des années 90 tient davantage de l'autruche que du castor.

À cause du manque de lucidité caractérisant certains souverainistes, il était difficile d'aller plus loin dans le diagnostic. On fit preuve d'une incapacité à voir les conséquences du fait que les deux identités collectives ne sont pas seulement différentes et en compétition, mais aussi enchevêtrées au sein des mêmes individus. Un élément important entre tous fut systématiquement gommé de l'analyse: la responsabilité, dans le processus, des Québécois eux-mêmes, de ceux qui avaient voté — et qui voteraient sans doute encore — pour celui qui avait imposé la constitution de 1982 au Québec, Pierre Elliott Trudeau.

Que ce dernier soit un Québécois que les siens plébiscitè-rent massivement pendant vingt ans pour changer le Canada était un sujet tabou à la Commission Bélanger-Campeau, comme il l'est dans les milieux souverainistes en général. On préfère croire que le problème est exclusivement la faute du Canada anglais, sans réaliser que cette déresponsabilisation collective est le chemin qui éloigne le plus sûrement les Québécois, sinon de l'indépendance, du moins d'une relation Canada-Québec fondamentalement différente.

Un consensus sur la démarche

La Commission Bélanger-Campeau sous-estimant l'atta-chement des Québécois envers le Canada, il lui était impos-sible de dégager un consensus nouveau quant à un projet collectif qui rendrait compte de la substance du Québec des années 90. On s'entendit au moins sur la forme, ce qui n'était pas rien.

On convint de la démarche générale que le Québec devait entreprendre pour redéfinir sa relation avec le reste du Canada. Collectivement, institutionnellement, les Québécois se donnèrent un cadre; ils décidèrent qu'à un moment donné, il faudrait agir. Ce cadre devint loi: l'Assemblée nationale adopta la loi 150. Celle-ci prévoyait une dernière ronde Canada où le reste du pays aurait l'occasion de présenter des propositions constitutionnelles au Québec, avant la tenue d'un référendum sur la souveraineté.

Les Québécois doivent être reconnaissants envers les souverainistes de la Commission Bélanger-Campeau qui eurent suffisammment à cœur les intérêts futurs du Québec pour accorder une nouvelle chance au système politique canadien, même si cela allait à l'encontre de leurs convictions. La tenue de cette ronde Canada, dont les chances de succès étaient minces au départ, constituait une marque de respect pour l'ancien — pour le futur — partenaire canadien. Elle amènerait, comme nous l'avons vu, un certain nombre de Canadiens à constater d'eux-mêmes l'incapacité du Canada à soumettre une offre un tant soi peu acceptable pour le Québec et à en prévoir les conséquences.

Le consensus retenu était clairement le seul possible. Il n'était pourtant pas assuré et dut être arraché de haute lutte! Néanmoins, ce succès fut immédiatement dévalorisé, quand ce ne fut pas ridiculisé, par plusieurs. Un an plus tard, il devint évident qu'il avait transformé toute la dynamique canadienne. La loi 150 servit d'accélérateur à la crise, permettant au mal canadien de se révéler plus clairement aux yeux de plus de gens, dans le sillage de l'échec de l'Accord du lac Meech.

La lucidité ne laisse pas parfois d'être pénible; une crise comporte toujours des dangers. Elle constitue cependant le signe qu'il subsiste encore de la vie dans un système. Dans le cas qui nous occupe, elle s'avère être une chance à saisir, dont il peut découler quelque chose de nouveau et de positif. Mais encore faut-il que l'on soit disposé à affronter le problème, et à ne pas consacrer toutes ses énergies à essayer de le glisser sous le tapis.

À ce propos, une ressortissante d'un pays avec lequel le Canada présente quelque analogie, l'Argentine[1], confiait un

---

1. On se souvient de la fameuse prédiction de Wilfrid Laurier que le XXe siècle serait le siècle du Canada. À la même époque, plusieurs tenaient pareil discours sur l'Argentine. Cette vaste contrée, tôt développée, semblait promise à un grand destin, avec ses innombrables richesses et sa population éduquée. Si les deux pays sont très différents, ils ont en commun le fait que le problème qui entrave leur développement est de nature essentiellement politique. Nul doute que jusqu'à présent, le bilan du Canada soit plus reluisant que celui de l'Argentine. Mais il est clair que la prédiction de Laurier ne s'est pas réalisée. Et surtout, l'avenir apparaît totalement bloqué.

jour: «Vous êtes chanceux, puisque vous allez avoir une crise. Chez nous, il n'y en a même plus, ou plutôt, c'est la crise permanente.»

Ceux qui emploient toute leur énergie à essayer d'escamoter l'affaire ne rendent service à personne. Ce que l'on sait de la dynamique Canada-Québec indique qu'ils n'auront réussi au mieux qu'à neutraliser le potentiel créateur de la crise, reportant l'irruption du problème à un moment où une solution politique sera encore plus difficile à trouver, s'il en existe encore une. C'est comme cela que se créent les Irlande du Nord de ce monde. Car, on ne vit pas la cent unième crise en attendant la cent deuxième. On approche de la dernière occasion qui sera donnée de restructurer de façon efficace la relation Québec-Canada. Il est clair que tout le monde a intérêt à ce que cette restructuration réussisse. En effet, l'autre volet de l'alternative semble bien être l'enlisement dans une situation de plus en plus dangereuse et inextricable, dont l'été mohawk aura été le prélude à Montréal, en 1990.

C'est pourquoi, malgré ses limites, le consensus de la Commission Bélanger-Campeau fut un succès majeur et inespéré, pour le Canada comme pour le Québec. Dans les temps à venir, quoi qu'il arrive, le cadre fixé par la Commission demeurera en arrière-plan dans l'inconscient collectif québécois, fort de toute l'émotion qui y fut investie.

Quand un paquebot change de cap, il faut, au début, une énorme énergie pour infléchir, juste un peu, presque imperceptiblement, sa trajectoire. C'est pourtant le mouvement de beaucoup le plus important, celui qui se traduira plus tard, plus loin, par la collision que l'on évitera, par le bon port que l'on atteindra, à mille lieux de la direction initiale.

Un coup à donner, au bon moment

Au-delà de considérations techniques sur ce que constitue ou non une offre fédérale ou canadienne acceptable, sur la tenue d'une élection ou d'un débat référendaires, au-delà de la lettre, ce qui importe, c'est l'esprit du consensus laborieusement dégagé par la Commission Bélanger-Campeau. Collectivement, les Québécois ont convenu qu'il leur fallait plus ouvertement affronter le problème. Ils ont décidé qu'à un certain moment il leur faudrait donner un coup.

Si ce coup — ce vrai coup — n'est pas négociable, tout le reste, la façon précise de le faire, le moment, les modalités, le sont. Par le consensus de la Commission Bélanger-Campeau, les Québécois se sont collectivement obligés à avoir le bon réflexe, au bon moment, dans une joute qui risque de se jouer en quelques mouvements décisifs.

Il ne serait pas étonnant que le succès dépende de l'aptitude du Québec à rester inerte un temps, avec la frustration que cela implique, pour frapper au bon moment, quand il sera en position de force. Car il faut tenir compte du fait que le nationalisme québécois des années 90 est substantiellement différent de celui des années 60. Celui-ci était jeune et conquérant; il avait du souffle. Non seulement le Québec d'aujourd'hui a pris de l'âge, mais il a intégré certains éléments du vieux nationalisme canadien-français d'avant 1960, en tout premier lieu le conservatisme et l'aptitude à dire «non». Le consensus sur l'Accord du lac Meech fut très révélateur de la nature du nationalisme des années 90: large et profond, mais réactif, avec une bonne part d'inertie.

Dans les mois qui précédèrent le rejet de l'Accord, quand le consensus se raffermit sur le concept de société distincte, ce nationalisme québécois sembla solide comme du béton: on n'avait pas vu pareil front commun depuis la crise de la conscription dans les années 40. Le Premier ministre aurait-il annoncé, lors de sa dramatique allocution du 24 juin 1990, la tenue prochaine d'un référendum sur la souveraineté que l'opération aurait eu des chances sérieuses de réussir.

Ce qui reste de la fougue québécoise des années 60 rend le nationalisme des années 90 capable de belles percées, comme le démontrerait sans doute un gouvernement du Parti québécois. Mais, parce que ce mouvement est pour une grande part réactif, il se prête mal aux longues avancées. Il a le souffle court, comme cela devint évident dans l'année qui suivit le consensus de la Commission Bélanger-Campeau. Dans cette optique, le Québec peut avoir intérêt à laisser l'initiative au reste du Canada. L'essentiel est de réagir vite et bien, quand le système politique issu de la Loi constitutionnelle de 1982 ne manquera pas de nous attaquer. Ce fut tout récemment le cas avec cette proposition d'un Sénat triple E qui marginaliserait encore davantage le Québec au sein du Canada.

D'une certaine façon, le consensus de Bélanger-Campeau n'est que cela: ce coup à donner, au bon moment. Et c'est en même temps énorme. Car il ne fait pas de doute que les Québécois auront l'immense tentation de ne pas terminer ce qu'ils ont commencé. Les tentatives d'escamotage de l'affaire se multiplieront, sous les prétextes les plus divers. On fera tout pour s'empêcher de donner, en temps utile, ce coup décisif qui, chacun le sent bien, risque de faire mal.

Un consensus non partisan

Il serait suicidaire de mener une telle opération sans un certain consensus non partisan sur le fond. Après s'être entendu sur un cadre à la Commission Bélanger-Campeau, il faut maintenant convenir d'un contenu minimal. Celui qui est proposé dans ce livre consiste à bâtir la société distincte québécoise à partir d'une déclaration unilatérale de souveraineté, comme cela est exposé dans le chapitre sur la rupture.

Dans un réflexe élémentaire de survie, après que le Canada eut refusé de les reconnaître comme une modeste société distincte, les Québécois constituèrent la Commission Bélanger-Campeau, au lieu de déclarer unilatéralement l'indépendance ou de poser des bombes. Il n'en fallut pas davantage à certains pour parler d'un unanimisme inacceptable qui serait incompatible avec le fonctionnement de tout véritable système démocratique. Pourtant, dans une société individualiste comme la nôtre, en plein cœur de l'Amérique du Nord, la menace n'est pas une forme quelconque de totalitarisme que réprimerait vite Washington. Le danger potentiel tient davantage d'une sorte de guerre civile qui ferait imploser l'identité québécoise, la rendant graduellement moins fonctionnelle sur le plan politique, réduite à se défendre de façon de plus en plus régressive et inefficace. Regardons ce qui est arrivé à l'identité autochtone.

Pendant une période limitée, un front commun non partisan est nécessaire pour dégager un nouveau consensus minimal quant à l'avenir du Québec. Pour l'heure, afin d'avoir une chance de sortir du marasme actuel, c'est à ce point que les Québécois devraient donner la priorité. À présent que les règles d'antan ne tiennent plus, il faut s'entendre sur un minimum de nouvelles règles, si l'on veut recommencer plus tard à se quereller sans se détruire. À la limite, on ne devrait pas écarter la possibilité de former un gouvernement d'union nationale. La seconde mère patrie des Québécois, l'Angleterre de Churchill, l'a bien fait, quand l'heure du péril a sonné. En temps de crise, pour une période et pour un objectif limités, on fait ce qu'il faut faire pour que la vie l'emporte. C'est dans ces difficiles, ces brèves, ces intenses occasions que se créent les nouvelles solidarités durables et qu'émergent les nouveaux peuples.

Souverainistes comme fédéralistes, anglophones comme francophones, autochtones comme allophones, tous sont dans le même bateau qui entre dans la même zone de tempête. Ensemble, ils doivent s'atteler à la manœuvre, le temps de mener à bien un difficile travail que les Québécois sentent bien qu'il faut faire, même si plusieurs n'osent pas encore se l'avouer.

Si les Québécois s'avèrent incapables de constituer un front commun non partisan sur un projet minimal, ils répéteront en pire le fiasco de 1980-1982, dont nous subissons les funestes conséquences aujourd'hui. Au-delà des idéologies, des rivalités et des peurs, il faut agir pour que cela n'arrive pas.

Les partis

Le risque existe qu'un éventuel gouvernement du Parti québécois veuille agir seul ou presque, sous la pression des ultranationalistes, amenant le Québec au bord de l'abîme pour réaliser envers et contre tous l'aspect le plus dépassé et le plus chimérique de son projet national. Il reste que, étant donné la grande force d'inertie du système politique canadien, il y a, au contraire, plus de chances que les Québécois ne rompent pas assez que trop.

Ces temps-ci, certains fédéralistes semblent incapables de répudier l'ordre canadien, même dans la mesure où celui-ci refuse d'admettre les conséquences politiques qui découlent naturellement de la différence québécoise. Leur légitime attachement au Canada semble devenir atavique, lien qu'il faut maintenir à tout prix, même quand il devient clairement désavantageux pour le Québec. En particulier, l'establishment du Parti libéral fait des pieds et des mains pour neutraliser la base souverainiste du parti, en particulier les jeunes qui constituent pourtant l'élément politique le plus dynamique du Québec des années 90.

Le Parti libéral ayant irrémédiablement disqualifié le statu quo au Canada anglais, avec le rapport Allaire, il n'est pas logique qu'il entrave le processus de rupture au point d'empêcher le Québec d'en récolter les fruits. Il est irresponsable d'avoir pris la liberté de briser un ordre trudeauiste qui n'était pas sans avantages pour le Québec, si on ne s'attaque pas à l'essentiel: le réaménagement de la relation Canada-Québec. Cela est d'autant plus paradoxal qu'une vigoureuse prise en charge de la question nationale apparaîtrait comme la meilleure chance de renouvellement d'un gouvernement libéral par ailleurs très usé.

Dans le fond, le grand fantasme des Québécois aurait été que ce soit M. Bourassa qui fasse l'indépendance. Pendant six mois, on y a presque cru: un moment, M. Parizeau lui-même eut l'air de vouloir se rallier à lui. Certains indices permettent de penser que le Parti libéral, après la belle prestation qu'il a effectuée durant tout le débat sur l'Accord du lac Meech, est maintenant dépassé par la situation, prisonnier d'une vision de la politique réduite à l'économie.

On ne peut expliquer autrement l'erreur de stratégie qui a permis l'émergence du Sénat égal le 7 juillet 1992, entre autres par l'entremise de la formule dite «des sénateurs gonflables» qui supposait l'acceptation du principe du Sénat égal et qui ne fut rendue publique, selon des sources sérieuses, qu'avec l'accord du gouvernement du Québec. Si c'est le cas, il s'est agi là d'une bourde monumentale aux conséquences potentiellement historiques, comparable au ralliement du gouvernement du Parti québécois à la formule de Vancouver en 1981. On se souviendra que l'abandon à cette occasion du principe d'un droit de veto pour le Québec mena à la perte effective de celui-ci, l'année suivante. La volonté du Parti libéral de maintenir à tout prix le Canada mène aux mêmes conséquences funestes que l'opposition viscérale du Parti québécois à ce même Canada, il y a un peu plus de dix ans.

Ce sera peut-être le Parti québécois qui sera au pouvoir au moment décisif. Ce Parti est souvent perçu par les Québécois comme le plus apte à défendre efficacement leurs intérêts sur le plan canadien, même si son bilan en ce domaine est objectivement négatif. Il reste qu'en dépit de ses lacunes, le Parti québécois renferme encore le cœur du nationalisme québécois. Il serait dans la nature des choses qu'il ait la possibilité de faire oublier les échecs humiliants de 1980 et de 1982.

Force est cependant de constater que, toutes choses restant égales, le Parti québécois risque fort d'échouer. Il s'est peu renouvelé depuis ses années de gloire, se montrant incapable de tirer les leçons des défaites passées et d'actualiser son projet d'indépendance pour le Québec. C'est ainsi que ce Parti aurait beaucoup de difficulté à se rallier à un concept comme celui de société distincte, même s'il fallait passer par la souveraineté pour construire cette société.

Le Parti québécois sera-t-il assez souple, assez dynamique et assez fort pour en arriver à une entente avec un Parti libéral obligé de composer avec ses éléments souverainistes? Sera-t-il capable de continuer à tendre la main, envers et contre tout, à la partie la plus réaliste de la communauté anglo-québécoise? Pourra-t-il gérer le facteur autochtone avec l'ouverture et la fermeté qui s'imposent? Et surtout, au-delà des beaux discours, le Parti québécois sera-t-il en mesure de réaliser la difficile, la délicate rupture qui s'impose d'avec l'ordre constitutionnel canadien, en s'appuyant sur le consensus prérequis? Pour le moment, on l'a dit, les péquistes préférent trop souvent tenir, sur le dollar et le passeport, de lénifiants propos qui ne rassurent personne, tout en mettant en colère les Canadiens anglais.

Il existe un point clair dans ce tableau un peu gris. À la suite des concessions qu'il a faites à l'occasion de la Commission Bélanger-Campeau, le Parti québécois sera en mesure de demander aux libéraux de lui renvoyer l'ascenseur, si le besoin s'en fait sentir. Et, au moment décisif, les libéraux n'auront pas vraiment d'autre choix que de donner leur appui. Ils devront le faire, non seulement parce qu'une partie de leurs partisans sont maintenant souverainistes, mais, surtout, parce que ce qui sera fondamentalement en jeu sera l'héritage de la Révolution tranquille. Une Révolution tranquille qui fut, pour la plus grande part, le fait du Parti libéral du Québec, courageusement amorcée par Lapalme, dirigée avec brio par Lesage, avec les Lévesque, les Gérin-Lajoie, les Castonguay.

Cet héritage, le Parti libéral de Robert Bourassa est passé à un cheveu de l'imposer dans le contexte canadien par l'Accord du lac Meech. Dans la mesure où l'action du Parti québécois visera à le préserver, l'appui des libéraux québécois ira de soi, à moins qu'ils ne veuillent se renier de façon fondamentale.

Danton et Robespierre

Ici encore, on peut tirer des leçons de l'histoire de France. La Révolution de 1789 s'avéra en bonne partie être un échec pour un pays qu'elle précipita dans une interminable guerre civile. Il faudra quatre-vingts ans — deux Empires, deux restaurations monarchiques et une cuisante défaite contre l'Allemagne — avant que la République ne triomphe enfin de façon définitive, en 1870.

Pendant longtemps, une polarisation constante entre la gauche et la droite, unique en Occident, en subsistera. Le gaspillage d'énergie que ce manque d'entente sur un minimum vital entraîna n'est pas étrangère au déclin de la France depuis deux siècles. Il faudra attendre le début du XXe siècle pour que la droite accepte enfin la République, alors que la gauche ne fait que commencer à admettre, depuis la cohabitation Mitterrand-Chirac, au milieu des années 80, la légitimité de l'existence de la droite.

Les grands leaders historiques de la Révolution française furent Danton, formidable énergie vitale, et Robespierre, penseur rigoureux. Dans le film *Danton* du cinéaste polonais Andrzej Wajda on assiste à une scène fascinante entre les deux hommes. Au cours d'un dîner, Danton et Robespierre jouent tout le drame de la France moderne. La tête et les entrailles de la Révolution se révèlent incapables de s'entendre et de donner au grand mouvement qu'ils dirigent, ce cœur qui aurait assuré son succès.

Le lendemain de ce funeste et dernier repas, qui eut réellement lieu, Robespierre, «l'incorruptible», ordonnera l'arrestation de Danton, «le corrompu», qui sera guillotiné dans les jours suivants. Quatre mois plus tard, Robespierre lui-même passera à la charrette. La Révolution — la vraie — finira avec lui, en cet été 1794, cinq ans après la prise de la Bastille.

D'une certaine manière, le Québec demeure une nation française d'Ancien Régime qui n'a pas connu sa Révolution.

Il importe qu'au moment décisif, Robespierre, ou ce qui en tiendra lieu ici, ne guillotine pas Danton. À partir du consensus dégagé par la Commission Bélanger-Campeau, souverainistes et fédéralistes doivent s'entendre sur un projet collectif minimal. Libéraux comme péquistes doivent permettre la cristallisation d'un Québec nouveau.

Sans une telle entente et sans un tel projet, le Québec n'a pas d'avenir. Il ne dispose pas de l'énorme énergie que la France révolutionnaire pouvait se permettre de dilapider.

À la croisée des chemins

Le grand handicap du Québec de 1992 semble être l'absence d'un leadership politique véritablement adapté à la situation. Il est troublant de constater que, jusqu'à présent, la crise n'a provoqué l'émergence d'aucun homme ou d'aucune femme d'État capable d'en reconnaître le potentiel créateur et de l'utiliser pour bâtir la société distincte québécoise, en même temps qu'une nouvelle relation Canada-Québec. On doit espérer que les événements à venir aient cet effet sur un ou plusieurs des politiciens actuellement en place.

C'est comme si, en se diffusant, ces dernières années, dans l'ensemble de la société, en devenant davantage économique, social et culturel, le nationalisme québécois avait perdu une certaine énergie spécifiquement politique. Heureusement, en contrepartie, les milieux sociaux, économiques et culturels font parfois preuve de réflexes politiques plus porteurs d'avenir que ceux de certains politiciens. Sous des actes et des déclarations en apparence contradictoires, il faut espérer qu'existe une invisible complémentarité entre les divers éléments d'une société dont l'intégrité est carrément remise en cause. Car, pour le Québec, cela se résume beaucoup, en définitive, à une question de vitalité.

* * *

On est arrivé à la fin de cette ronde Canada qui avait été appelée par la Commission Bélanger-Campeau. La récession a durement frappé un Québec qui s'essouffle et qui semble sur le point, parfois, de s'effondrer. Les plus crâneurs de nos entrepreneurs québécois sont au plancher. Notre hantise de l'échec a resurgi. Et si l'on n'était pas vraiment prêts? Même quand ce sera clairement le temps de réagir, on nous répétera qu'il faut être réaliste et que ce n'est pas le moment de donner suite au consensus dégagé par la Commission Bélanger-Campeau.

La récession passera mais, pour le Québec, il y a une chance qui ne se représentera pas. Comment peut-on sérieusement prétendre que l'on sera davantage prêts dans cinq ou dans dix ans? Le temps joue contre nous, alors que la Loi constitutionnelle de 1982 et la culture politique issue de la Charte minent inéluctablement l'identité québécoise sur le plan politique. On entre dans une nouvelle phase où le caractère collectivement autodestructeur de l'action individuelle des Québécois s'accentuera. Au lieu d'un Trudeau, on en aura dix, on en aura cent.

Quand l'Histoire se présente au rendez-vous, il faut y être. Sinon on reste là, en plan, avec nos pitoyables lamentations qui n'intéressent plus personne.

Les conditions ne sont pas idéales? Elles ne le seront jamais. L'issue de la bataille est incertaine? Elle le sera toujours. Le contexte pourrait être bien pire, alors que la victoire est possible, si l'on joue le jeu différemment.

LE DÉFI DES BABY-BOOMERS

Le combat de la société distincte, les baby-boomers sont bien placés pour le mener. Le plus souvent, les gens qui exercent actuellement le pouvoir au Québec ont entre trente et cinquante ans. À cet âge, on est plus réaliste qu'on ne l'était à vingt ans. Mais, surtout, quand on a connu les années 60, on est encore apte à rêver un peu. Et l'on reste capable de donner un dernier grand coup pour réaliser une partie de ses rêves de jeunesse. Après tout, c'est l'une des dernières chances qui s'offrent à nous pour le faire. C'est l'âge où l'on voit des avocats lâcher tout, après quinze ans de pratique, et partir pour l'Afrique travailler au sein d'organismes d'aide au tiers monde. C'est le moment où certaines femmes se lanceront en affaires, après avoir élevé leur famille.

Les baby-boomers québécois sont les enfants chéris de la Révolution tranquille. Génération privilégiée s'il en fut jamais: davantage que celle de leurs parents; beaucoup plus que celle de leurs enfants. Ils ont rêvé; ils ont agi; ils ont profité: ce sont des gagnants. Si, l'âge aidant, ils se sont embourgeoisés, ils sont le plus souvent restés généreux et tolérants: ils n'ont pas renié leurs idéaux de jeunesse. Ils ne savaient pas que le grand défi collectif de leur vie viendrait avec leurs quarante ans.

Tout en médisant joyeusement sur le Québec canadien-français qui les a précédés, ils ont beaucoup reçu de lui. Mais quel Québec laisseront-ils, eux, aux générations futures? Pour ce qui est de la question nationale, quelle partie de leurs rêves de jeunesse auront-ils finalement réalisée? Avant tout, les baby-boomers ont intérêt à ce que la société québécoise issue de la Révolution tranquille, qu'ils ont marquée de leur empreinte, vive et s'épanouisse. L'avenir de ce Québec-là est menacé, ils le sentent bien. Les baby-boomers voient poindre l'échec et ils n'aiment pas ça. Ils n'en comprennent que mieux leurs propres enfants, vieillis avant l'âge, enlisés dans une dure réalité où le travail est rare, le souci d'argent omniprésent, l'avenir bloqué. C'est du Québec de cette génération-là dont il est question aujourd'hui. Les baby-boomers se doivent de transmettre à leurs enfants non pas un rêve irréalisable qui dégénère en cauchemar mais, enrichi, un héritage qu'ils ont reçu de leurs propres parents.

Un Québec enrichi, parce qu'enfin libéré de la Conquête. S'il y a une génération qui est capable de relever ce défi, c'est bien celle des baby-boomers. Et s'ils s'avèrent incapables de le relever, soyons lucides: cela ne se fera jamais. Ce défi, à la fois important et limité, est adapté au Québec des années 90, avec ses forces et ses faiblesses. C'est ainsi que l'aptitude au rêve, qui reste exceptionnelle chez les baby-boomers, est un atout majeur. Car c'est mieux qu'une version moderne de la traditionnelle joie de vivre canadienne-française. Cette génération est habituée à réaliser une partie de ses aspirations: elle est habituée à gagner. C'est heureux. Car, s'ils se limitent à être bêtement réalistes, s'ils se refusent ce droit au rêve, à l'émotion, ce droit à l'erreur que se permettent les peuples et les individus qui veulent vivre, les Québécois se condamneront d'eux-mêmes à rester des conquis. Et ils auront courtisé la catastrophe, car ils auront perdu le respect de ces autres Canadiens qui, eux, se reconnaissent encore le droit d'être des conquérants.

Pour une fois, les enfants des années 60 ont une chance de gagner vraiment. Sur le plan interne, ils ont accumulé victoires sur victoires. Mais, sur le front externe, le Premier ministre Maurice Duplessis a mieux réussi que les fiers enfants de la Révolution tranquille. Dans les années 50, il a fait reculer le Premier ministre canadien Louis Saint-Laurent sur la question de l'impôt sur le revenu. Les péquistes se sont fait royalement avoir par Trudeau, lors du Référendum de 1980 et de la Loi constitutionnelle de 1982. Les libéraux ont permis l'émergence d'un Sénat égal contraire aux intérêts les plus fondamentaux du Québec.

Pour gagner enfin sur le front canadien, les baby-boomers devront faire peuve d'une humilité à laquelle ils ne sont pas accoutumés. Ils devront surmonter une suffisance qui s'est cristallisée autour du Parti québécois et qui est devenue l'un des handicaps du Québec des années 90. On aurait quelque-fois intérêt à se remémorer les ancêtres catholiques et canadiens-français dont on a tant ri, quand la victoire dépendra des cinq minutes, des cinq semaines, des cinq mois supplémentaires pendant lesquels il faudra tenir: attendre, retenir sa frustration, «toffer» comme on disait autrefois. Puis, au moment décisif, agir pour l'emporter.

La société issue des années 60

Certains se demanderont peut-être s'il est possible d'adapter la société québécoise issue de la Révolution tranquille à la conjoncture actuelle? Faut-il tout reprendre à neuf? S'il n'aboutit pas à l'indépendance, le Québec que l'on a bâti depuis 1960 a-t-il un avenir?

On recommence rarement à neuf, faut-il le dire, et quand on le fait les résultats ne sont guère à la hauteur des espérances. La Révolution française de 1789 entendit bien tout changer et vite, du système des poids et mesures au calendrier, en passant par la religion et la Constitution. Pourtant, dix ans plus tard seulement, elle accouchait de ce super-Louis XIV que fut Napoléon, avant que ne remonte placidement sur le trône Louis XVIII, le frère de Louis XVI, ce «dernier roi» que l'on avait solennellement guillotiné en 1792.

Le Québec n'ayant plus vingt ans comme en 1960, repartir à zéro est impossible. Et, surtout, ce n'est pas nécessaire. La société québécoise issue de la Révolution tranquille, sur la base du vieux Québec canadien-français d'antan, n'a rien de parfait. Mais elle mérite, sans aucun doute, de passer le cap du millénaire. Généreuse, compatissante, cette société fait souvent preuve d'un exceptionnel dynamisme créateur. Essentiellement moderne, elle reste pleine de vie. Elle doit aller de l'avant, le plus loin possible, apportant son originale contribution au concert des nations. Grâce à leur ténacité et à leur courage, grâce à leur inventivité, les Québécois, depuis deux cents ans, ont pu non seulement survivre, mais se développer. Ils ont raison d'être fiers de leur société distincte. Un certain Canada n'a plus d'avenir, à cause de son incapacité viscérale à accepter cette société-là comme elle est.

Cependant, cette société commence à prendre de l'âge. Elle est chaque jour plus handicapée par son incapacité à dépasser une mauvaise relation Canada-Québec qui la mine, l'amenant à régresser parfois. Déjà, on l'a dit, voilà qu'une société exceptionnellement permissive et tolérante en est réduite à être systématiquement sur la défensive en matière de droits de la personne. Par ailleurs, la chaleureuse solidarité qui unit les Québécois a quelquefois tendance à dégénérer en relation quasi incestueuse, plus caractéristique du groupe ethnique que de la nation; l'appartenance zélée à la famille y prime trop sur la compétence. Au fond, la véritable question que pose la chute récente de Claude Morin n'est-elle pas la suivante: Comment se fait-il que l'architecte de la funeste stratégie référendaire conservait une telle crédibilité, plus de dix ans après la perte du veto? Enfin, un certain Québec épris de cohérence administrative à la française est devenu un peu trop féru des belles normes qui stérilisent et paralysent. En se voulant «super-français», il perd contact avec un vieux fonds canadien-français qui renferme un pragmatisme, une force, une vie dont il a besoin.

Le projet collectif de la Révolution tranquille a été réalisé en grande partie dans les trente années qui ont suivi 1960. L'indépendance, toujours considérée par plusieurs comme son prolongement naturel, n'est restée jusqu'à présent qu'un rêve creux. En dépit de la rhétorique qu'elle a suscitée, elle n'a jamais pu être vraiment pensée, parce que l'on n'a pu envisager la rupture avec le Canada.

Dans l'immédiat, la priorité doit être d'asseoir définitivement la société québécoise issue de la Révolution tranquille. Il faut lui donner le maximum de chances de prendre racine dans le millénaire qui s'annonce. Tout naturellement, le reste suivra.

Rien n'est encore décidé. Ce qui s'en vient promet d'être autrement plus important que toutes ces dates dont s'émaille l'histoire récente du Québec: 1960, 1970, 1976, 1980, 1982. Ce qui s'en vient décidera de l'avenir du Québec pour longtemps. Cela fait tellement d'années, de décennies, que l'on en parle. Eh bien, voilà, on y est!

Le goût du succès

Pour ce qui est de la question nationale, il faut rêver autrement pour concrétiser ses désirs et ses aspirations. Comme un individu, un peuple s'use à la longue à ne jouir que de satisfactions imaginaires. Il y perd non seulement le goût de rêver, mais aussi l'aptitude à jouir de la vie, prisonnier qu'il est d'une réalité de plus en plus rébarbative qui lui échappe. Au Québec, il serait particulièrement pénible d'en arriver là: les baby-boomers savent trop ce qu'est le goût du succès.

Dans un premier temps, rêver autrement sur le plan des relations avec le reste du Canada comportera quelque chose de douloureux: les vrais changements sont toujours difficiles à réaliser. On est si habitué à se donner des satisfactions imaginaires pour compenser toutes les défaites subies depuis deux cents ans qu'au début, même les vrais succès laissent un arrière-goût amer. On s'en est bien rendu compte, il y a six ans, lors de la conclusion de l'Accord du lac Meech.

Tout en étant incapables de vraiment en contester la valeur, la plupart des nationalistes levèrent le nez sur ce succès majeur du Québec sur le plan intergouvernemental canadien. En particulier, la première version de l'Accord constituait, pour le Québec, une percée inespérée. On y faisait carrément référence à l'existence d'un Canada de langue française concentré au Québec et d'un Canada de langue anglaise concentré dans le reste du pays. On laissait clairement la porte ouverte à des pouvoirs particuliers pour la société distincte québécoise, sans oublier, bien sûr, le consentement obligé du Québec à la modification des institutions fédérales, avant toute réforme du Sénat.

Cela n'empêcha pas certains nationalistes, qui n'étaient souvent même pas indépendantistes, de pourfendre cette première version de l'Accord en commission parlementaire québécoise: c'était trop loin du rêve. Pour des raisons différentes, Trudeau s'employa à un travail de sape analogue au Canada anglais. Moins de deux mois plus tard, on se retrouvait avec une version définitive de l'entente moins avantageuse pour le Québec, par la faute, essentiellement, de Québécois!

Le succès le plus complet reste toujours un peu inférieur au rêve. Les contours de ce dernier sont merveilleusement flous, indéfiniment extensibles, s'adaptant automatiquement aux besoins changeants d'un ego insatiable. Jusqu'à un certain point, le rêve réussit à combler l'aspiration de tout être humain à l'absolu. Mais par rapport à cet idéal, le succès le plus éclatant a toujours un caractère limité: «Ce n'était donc que ça», pensera-t-on souvent, avant d'éprouver un bref moment de dépression.

Pour ce qui est de la question nationale, dans la mesure même où les Québécois commenceront à gagner pour de vrai, il faudra, dans un premier temps, s'attendre à un sentiment de bien-être mitigé d'une frustration nouvelle. Car, si l'on a gagné, cela voudra dire que l'on aura davantage ajusté nos rêves à la réalité. On se sera privé d'une satisfaction dont on jouit depuis longtemps: rêver un peu trop l'avenir du Québec. On sera redescendu sur terre où il faudra relever ses manches.

Quelle coïncidence troublante que le thème de la Fête nationale du 24 juin 1990, juste après l'échec de l'Accord du lac Meech et la non-reconnaissance de la société distincte, ait été «Un Québec à faire rêver». Encore aujourd'hui, combien sont-ils pour rêver avec émotion d'un Québec français, riche, tolérant et souverain, qui réaménagerait amicalement sa relation avec le Canada anglais, pour faire son entrée triomphale sur la scène mondiale?

Tout naturellement, le remplacement du rêve par le succès amènera les Québécois à affronter davantage une réalité à certains égards pénible. Il y aura des deuils à faire. Entrant véritablement dans l'Histoire, le Québec perdra l'innocence de l'enfance dont la vie n'est que rêve.

Cela est déjà commencé dans certains domaines. Pensons aux immigrants qui s'intégraient jadis massivement au groupe anglophone. Dans un premier temps, leur intégration, en partie réussie, à la majorité francophone a paradoxalement augmenté le sentiment d'insécurité. Car, s'ils apprennent le français, les nouveaux arrivants n'en continuent pas moins, dans beaucoup de cas, à apprendre et à utiliser l'anglais. Le rêve d'un Québec entièrement français, si fort à l'époque où les immigrants s'anglicisaient totalement, sort ébréché du succès incontestable d'un processus forcément limité de francisation.

Leurs nouveaux succès feront réaliser aux Québécois le décalage existant entre ce qu'ils sont et ce qu'ils auraient bien voulu être. Sur le coup, les blessures de l'ego sont douloureuses. Mais ce nouveau contact avec ce qu'ils sont réellement, cette frustration inédite provoquera bientôt la formation de nouveaux rêves, ceux-là plus faciles à réaliser, en procurant beaucoup plus de satisfactions.

Pour ce qui est de la dynamique Canada-Québec, les Québécois cesseront d'être des éternels perdants, accédant enfin à cette normalité à laquelle ils aspirent tant. L'infernal cercle vicieux sera brisé. On prendra goût au succès, au plaisir qu'il procure, avec toutes les nouvelles perspectives qu'il ouvre sur la vie.

La grande peur du Québec

Au-delà du trop-plein de rêves non réalisés, il y a quelque chose de flou et de précis à la fois, quelque chose de profond qui handicape le Québec: la peur.

Objectivement, la situation géopolitique du Québec, petite collectivité francophone au cœur d'un continent massivement anglophone, qui la pénètre profondément et dans tous les domaines (politique, économie, culture, psychologie) est difficile. Il faut tenir compte aussi de la tendance de l'environnement nord-américain à considérer le fait national québécois comme un phénomène ethnique.

À certains égards, les Québécois sont engagés dans un angoissant processus d'assimilation. Il n'y a rien ni personne, aucun statut politique, aucun sauveur providentiel qui puisse leur donner une garantie ferme de leur survie à long terme. Pour une grande part, cette survie sera fonction de la vitalité plus ou moins grande de la société québécoise. Cela comprend la force d'affronter son éventuelle disparition, ce qui ne veut pas dire s'y résigner. C'est Paul Valéry qui écrivait, au début du siècle, que les civilisations savaient désormais qu'elles étaient mortelles. Mais, comme les êtres humains, avant de disparaître les civilisations vivent et, surtout, elles laissent ou non leur marque. La grande peur du Québec devrait être moins de disparaître que de disparaître sans avoir laissé sa marque. Là serait le réel, le terrible échec.

Peut-être que la situation géopolitique du Québec en Amérique du nord, situation à laquelle personne ne peut rien, est telle que les Québécois sont irrémédiablement voués à long terme à l'assimilation. Peut-être...

Cela dit, il n'est pas certain non plus qu'il ne restera rien de nous dans cinq cents ans et que notre âge d'or n'est pas encore loin devant nous. Qui aurait parié sur les 65 000 anciens Canadiens de 1763? Un peuple de sept millions de personnes, à la fois enraciné et moderne, massivement francophone sur son territoire, peut sombrer dans un indescriptible marasme; il peut se faire lentement et systématiquement folkloriser. Il ne peut pas disparaître comme ça, même s'il le voulait d'ailleurs. Cela vaut dans les hypothèses les plus folles où les Québécois décideraient, collectivement, de se faire hara-kiri, abolissant l'ensemble de la loi 101 et se fixant comme priorité de parler anglais sans accent.

À elle seule, leur situation géopolitique difficile ne peut expliquer l'ampleur de l'insécurité des Québécois. À peu près tous les observateurs étrangers, y compris ceux qui sont au fait des périls inhérents à cette situation géopolitique, sont frappés par cette angoisse qui leur semble, parfois, disproportionnée par rapport à la vitalité de la culture québécoise et de la langue française.

C'est qu'au cœur de l'inconscient collectif québécois, subsiste, bien que refoulée, la grande peur que les anciens Canadiens éprouvèrent entre 1759 et 1764. Cette vieille angoisse, transmise de père en fils et de mère en fille depuis dix générations, affleure maintenant à la surface de l'identité québécoise, problème mûr qu'on n'a pas d'autre choix que d'affronter.

Il était normal que nos ancêtres soient très effrayés, puisque l'objectif premier des Britanniques, ayant en principe tout pouvoir sur eux, était bien de les assimiler. Deux cent trente ans plus tard, personne n'a plus ainsi tout pouvoir sur nous; nous avons amplement prouvé que nous savions nous défendre; nous sommes encore là. Pourtant, la peur subsiste. Son excès même montre qu'inconsciemment nous sommes encore des conquis face à des conquérants qui veulent notre disparition.

Plus que notre situation géopolitique, c'est cette incapacité à dépasser notre condition qui nous conduit à notre perte. Il est important de préciser que cette condition affecte l'ensemble des Québécois, y compris les indépendantistes prétendument purs et durs. Or, si nous ne pouvons rien à notre situation géopolitique, il nous est possible de dépasser la Conquête.

Cela sera difficile. Personne ne peut nous donner de garantie quant au succès de l'opération. Peut-être échouerons-nous. Mais il faut essayer. Les Québécois ont les moyens d'imposer leur société distincte: il suffit qu'ils y croient un peu.

La prime attachée à un succès de ce genre est énorme. On jouira davantage du pouvoir généré par notre dynamisme, de cette énergie que le Canada a actuellement tendance à nous soutirer. Peut-être qu'après y avoir renoncé, le Québec accédera à l'indépendance de ses rêves. Mais ce sera alors la vraie souveraineté adulte qui donne le pouvoir de faire des choses, sans rendre les autres reponsables de ses problèmes. D'avoir relevé le difficile défi de la question nationale libérera une énergie nouvelle.

On sera mieux armé pour s'attaquer à tous ces problèmes qui affligent considérablement notre société: la nouvelle pauvreté de toute une catégorie de la population, le décrochage scolaire chez les jeunes, l'aliénation destructrice des autochtones, le taux de natalité anormalement bas, la reconnaissance due aux Anglo-Québécois, les séquelles malsaines du multiculturalisme à la canadienne, la montée du racisme, l'escalade du chômage, la compétitivité de nos industries dans le contexte de la mondialisation.

Le défi que doivent relever les Québécois est à la fois unique et universel. En imposant leur société distincte, ils ont

l'occasion de laisser leur marque dans un univers désespérément en quête de nouvelles expressions politiques du fait
national. La tête haute, ils pourront entrer alors dans le troisième millénaire, où les attendra la place qu'ils se seront
taillée eux-mêmes, pour eux-mêmes, en toute souveraineté.

TABLE DES MATIÈRES

Typographie et mise en pages:
Les Éditions du Boréal

Achevé d'imprimer en août 1992
sur les presses de l'Imprimerie Marquis
à Montmagny, Québec